AF533130

Rolf Schmiel

mit Oliver Domzalski

PSYCHO HACKS

für ein glückliches Leben

Inhaltsverzeichnis

Für Leonard

»Eine Krise kann jeder Idiot haben.
Was uns zu schaffen macht, ist der Alltag.«

(Anton Tschechow)

Vorwort

Psychohacks? Was soll das denn bitte sein? Das Wort »Hack« ist noch nicht sehr lange gebräuchlich im Deutschen. Man kennt es vor allem von Computerhackern, die einen Dreh gefunden haben, in ein geschütztes Netzwerk einzudringen. Auch »Lifehacks« kennen manche – technische Tricks und Kniffe, um Alltagsprobleme zu lösen. Rasierschaum hilft gegen eine quietschende Tür genauso gut wie Maschinenöl. Lederschuhe kann man auch mit Hautcreme pflegen – schließlich ist Leder auch nur Haut. Und wenn man am Stiel eines Kochlöffels eine Wäscheklammer befestigt, kann man ihn an den Topfrand lehnen, ohne dass er reinrutscht. So was in der Art.

Aber was sollen Wäscheklammern bitte mit psychischen Problemen zu tun haben? Ist es nicht eine Verhöhnung von psychisch Kranken, wenn ich behaupte, es gebe für viele Situationen recht einfache Tricks, um sie zu bewältigen? Als ich einem Freund von diesem Buchprojekt erzählte, sprach ich über genau diese Sorge: Ich könnte als oberflächlicher »Gute-Laune-Onkel« missverstanden werden. Darauf sah er mich entgeistert an: »Du?! Bei deiner Qualifikation? Und mit deiner Geschichte?! Du spinnst!« Er spielte darauf an, dass mein Leben keineswegs immer ein fröhlicher Spaziergang war und ist. Wegen einer Hauterkrankung musste ich als Baby sechs Wochen lang von meiner Mutter getrennt und steril im Krankenhaus behandelt werden. Erst im Rahmen einer Therapie, mit etwa vierzig Jahren, wurde mir bewusst, dass diese frühe Bindungsstörung der Ursprung meiner vielen Ängste ist.

Meine Eltern waren liebevolle, aber auch sehr strenge Christen, was mich von vielem ausschloss, das meinen Freunden erlaubt wurde. Mein Vater verstarb viel zu jung nach seinem dritten Herzinfarkt. Mit Anfang dreißig hatte ich einen sechsstelligen Schuldenberg und stand vor der Privatinsolvenz. Zwei unserer Kinder kamen tot zur Welt, was meine Frau und damit unsere Familie extrem belastet hat. Ich musste mich mit der Möglichkeit einer potenziell tödlichen Krebserkrankung auseinandersetzen. Meine Mutter ist Demenzpatientin. Das erzähle ich nicht, um zu jammern, sondern um deutlich zu machen, dass ich weiß, was Krisen bedeuten. Ich war oft genug ratlos in meinem Leben. Und ich blätterte damals viel in psychologischer Ratgeberliteratur. Aber ich habe dort fast nie konkrete Antworten auf meine Fragen und Nöte gefunden. Dafür viele diffuse Ratschläge wie »Du musst lernen loszulassen« oder »Du musst dein Ich stark machen«. Aber keine handfesten Erklärungen, was ich tun könnte. Viele Coaching-Tipps klingen total einleuchtend: »Sei entspannter/spontaner/kreativer.« Oder: »Hör deiner Frau besser zu.« Aber sie sind oberflächlich, weil nicht gesagt wird, wie man es macht und woran man erkennt, dass es funktioniert.

Um Missverständnisse zu vermeiden: Selbstverständlich sind Therapien und oft auch tiefenpsychologische Methoden nötig, damit Patient:innen verstehen, was mit ihnen los ist und woher es kommt. Um schädliche Muster zu erkennen, die sie bisher nie hinterfragt haben – und deshalb immer weiter befolgen. Und um zu erkennen, welche unguten Verhaltensweisen in ihrer Kindheit angelegt wurden. Ich habe, wie gesagt, selbst davon profitiert. Aber viel zu oft enden therapeutische Ansätze leider beim Wissen und der Diagnose. Der nächste Schritt, nämlich die Umwandlung von Strukturen und Gewohnheiten, wird oft vergessen oder hinausgeschoben. Dabei geht es doch genau darum: etwas zu ändern, um die eigene Belastbarkeit zu erhöhen. Psychologie heißt: Muster erkennen – Muster durchbrechen – gesündere neue Muster erschaffen. Wenn ich zum Orthopäden gehe, will ich schließlich nicht nur darüber sprechen, dass und warum ich Knieschmerzen habe. Ich will auch ein Rezept für Physiotherapie und für orthopädische Schuhe, damit ich mein Knie künftig durch Laufen nicht weiter schädige. Ich will, dass es wieder besser wird. Und stell dir einen Urologen vor, der deine Nierenschmerzen »hochinteressant« findet und dir die Herkunft erklärt und dich dann mit dem Rat »Sie müssen Ihre Harnperformance verbessern!« nach Hause schickt? Ohne Schmerzmittel und wirksamen Therapievorschlag. Vermutlich wechselst du sofort den Arzt, oder?

Mich stört, dass Menschen zu wenig ermutigt werden, den Absprung aus dem Therapiesystem zu wagen. Denn das ist nicht für einen Daueraufenthalt gedacht. Es hilft Menschen nicht dabei, im Leben klarzukommen, wenn sie über viele Jahre hinweg drei Therapeuten haben, dort dreimal wöchentlich um sich selbst kreisen und immer nur bestätigt bekommen, dass sie wirklich ganz arme Hascherl sind. Natürlich sind innere Prozesse wichtig – aber sie sollten irgendwann auch mal Ergebnisse zeitigen, die auch die Mitmenschen sehen können. Die Frage, die nach einer nicht allzu langen Zeit der Selbstbeschäftigung im Vordergrund stehen sollte, heißt: »Und was wirst du zukünftig anders machen?« Da geht es dann um Verhaltenstherapie statt um Selbsterforschung. Und oft um recht einfache »Hacks«. Ich hätte mir damals, wie gesagt, ganz konkrete Tipps gewünscht. Wie geht das denn, mein Ich zu stärken? Wie mache ich das? Wann? Wo? Und was brauche ich dafür?

Goldene Tipps wie »Du musst einfach mal runterkommen, dich so richtig entspannen und dich ganz auf dich einlassen!« vertragen sich außerdem in der Regel schlecht mit der Pflege der Oma, den Schulsorgen der Kinder und dem nächsten Kundenauftrag. Kurz: dem Leben. Aber gerade die Menschen, die sagen: »Für Entspannung und Yoga hab ich gerade überhaupt keine Zeit!«, brauchen Hilfe. Einen Werkzeugkasten, in den man greifen kann, um eine bestimmte Situation zu bewältigen oder einfach aus einer destruktiven Gedankenschleife rauszukommen. Dieses Werkzeug sind die Psychohacks.

Übrigens: Ich nutze viele der Psychohacks selbst regelmäßig. Meine persönlichen Top 5 sind:

- Schrei-Baum
- WhatsApp dich selbst!
- Brain Booster
- ABC-Technik für mehr Empathie
- Wau-Wau-Walk

Aus all meinen Lebenskrisen habe ich zwei Dinge mitgenommen: Aufgeben macht nichts besser. Und: Es gibt immer eine Lösung. Auch für dich.

Rolf Schmiel, im Oktober 2022

Einleitung

Nicht mit allem, was einen seelisch beschäftigt, muss man zum Therapeuten. Manchmal genügt auch ein Hund. Oder ein Gummiband. Oder eben ein Psychohack. Es gibt schließlich nicht nur »psychisch krank« oder »psychisch gesund«. Millionen von Menschen allein in Deutschland stehen mitten in einem fordernden Leben – Familie, Beziehung, Beruf – und haben gleichzeitig mit psychischen Belastungen zu tun. Das gilt übrigens auch für Menschen, die von allen bewundert werden. Denn was Leute nach außen darstellen und über sich erzählen, hat häufig wenig mit dem zu tun, was real bei ihnen los ist. Dieses Buch richtet sich an alle vom Leben geforderten Menschen – egal, ob sie schon therapieerfahren sind oder nicht. Übrigens kenne ich einen dieser Menschen ziemlich gut – er schaut mich nämlich an, wenn ich vor einem Spiegel stehe.

Dies ist dabei kein psychologisches Fachbuch – und zwar mit voller Absicht. Keine Fußnoten, keine Studienergebnisse, kein Literaturverzeichnis. Ich greife hier auf meine über zwanzigjährige Berufserfahrung als Psychologe zurück und verzichte darauf, mich hinter Fremdwörtern zu verstecken und wissenschaftliches Tiefseetauchen zu veranstalten. Psychohacks sind leicht verständliche und einfach umsetzbare psychologische Tipps und Tricks, die garantiert Spaß machen und dich weiterbringen. Hier geht es weder um tiefenpsychologische Ursachenforschung noch um wolkige Heilerweisheiten.

Was soll dieses Buch leisten? Spielen wir es einmal durch an einem der häufigsten Streitpunkte in Beziehungen und Familien: dem Thema Ordnung. Ich will nicht die Frage beantworten, warum Menschen unterschiedliche Ordnungsbedürfnisse haben. Sondern dir ganz pragmatisch erklären: So erreichst du, dass dein Ordnungsbedürfnis befriedigt wird, ohne dass es zu viele Konflikte gibt. Ich will nicht die x-te neurologische Analyse liefern und ausführen, was genau bei einem Streit im Gehirn passiert und welche Neuronen feuern. Ich will dir Werkzeuge an die Hand geben, zu intervenieren, also praktisch etwas zu tun, um die Situation zu verbessern. Mit möglichst konkreten, anschaulichen Tipps, die Perspektive geben. Die dir die Frage beantworten, die zu oft unbeantwortet bleibt: »Und wie geht das genau?«

Mein Buch soll auch helfen, die verbreitete Abneigung gegen die Psychologie abzubauen. Viele lehnen meinen Berufsstand ab, weil da »doch immer nur gequatscht, gequatscht, gequatscht wird und nichts rauskommt«. Aber Psychologie wirkt. Überall und immer. Sehen kann man das oft in Bereichen, die nichts mit Therapie und Couch zu tun haben. Etwa im Sport. Oder in der Kunst. Schauspieler könnten nicht arbeiten ohne Psychologie, und Profisportler wären verloren. Warum liefern mir diese Lebensbereiche viele Anregungen? Weil es hier auf konkretes Handeln ankommt. Auf handfeste Veränderungen. Auf pragmatische Maßnahmen. Ein Sportpsychologe, der sich mit permanenten Analysen zufriedengäbe, ohne zu sagen, was Spieler X wie verändern soll, wäre seinen Job ganz schnell los. Psychologie kann viel – wenn man sie konsequent nutzt. Ich will auch das Wissen über psychologische Zusammenhänge vergrößern. Oft haben Menschen keine oder verzerrte Vorstellungen und missverstehen psychologische Konzepte wie das vom »inneren Kind« oder das »positive Denken«. Dann geistern völlig falsche und abwegige Interpretationen und Belehrungen durch die

Welt. Bei den Psychohacks ist die Gefahr solcher Missverständnisse gering. Dafür sind sie zu einfach.

Ich weiß, dass manche Kolleg:innen meine Psychohacks genau wegen dieser Einfachheit belächeln. Sie seien banal, heißt es dann. Stimmt. Die Psychohacks wirken oft simpel – oder sind es sogar. So wie der Rat eines Arztes, täglich eine halbe Stunde spazieren zu gehen und das Rauchen aufzugeben, banal ist. Das Schöne ist: Gerade die einfachen Dinge funktionieren oft am besten. Banal ist nicht selten auch genial. Und die Reaktion vieler Menschen auf die Psychohacks, die ich im Radio, im Fernsehen und bei Vorträgen vorschlage, zeigt mir, dass genau dieses genial Einfache funktioniert. Natürlich kann nicht jeder Psychohack die Situation ändern – aber er hilft, besser mit ihr zurechtzukommen und eine Veränderung einzuleiten. Weil es dafür einen möglichst trivialen und ganz konkreten ersten Schritt braucht. Dieser erste Schritt durchbricht Muster. Und darauf kommt es an.

Für wen sind die Psychohacks nicht gedacht? Zum einen für »schlecht gelaunte Intellektuelle«. So nenne ich gern und in genussvoller Verallgemeinerung Leute, die einen gut zu lesenden Text mit leicht umzusetzenden und direkt wirksamen Hinweisen verdächtig finden, weil auch Nichtakademiker ihn verstehen. Die darauf herumreiten, dass die wahren Ursachen doch woanders und viel tiefer lägen – und die ihr eigenes Verhalten niemals auch nur um einen Millimeter überdenken oder gar verändern würden. Aber Psychologie soll allen Menschen helfen, die sie brauchen, und nicht nur Akademikern.

Zum anderen sind Psychohacks nichts für Menschen, die im klinischen Sinne psychisch erkrankt sind. Wer an einer Angststörung, an Depression oder Borderline leidet oder mit einem Betroffenen zusammenlebt, dem hilft kein Psychohack, sondern nur Therapie – und manchmal leider auch nur Pharmazie. Dieses Buch wendet sich also an psychisch gesunde

Menschen, die manchmal schlecht drauf sind und bestimmte Sorgen und Fragen haben, die aber in der Regel stabil sind. Und natürlich an alle, die sich für die spannende Welt der Psychologie interessieren.

So wie alles im Leben sollten Psychohacks nicht schematisch betrachtet werden. Ein Psychohack reagiert auf eine bestimmte Frage oder Not. Wenn man diese aber gar nicht hat, sollte man auch den Psychohack nicht eins zu eins anwenden. Und: Jeder hat seine Lernfelder. Das heißt, in vielen Situationen kommt es sehr darauf an, was für ein Typ Mensch du bist, und entsprechend hilft dir vielleicht ein ganz anderer Psychohack als einem anderen Menschen in der gleichen Lage. Ein Beispiel: Wenn du im Restaurant immer stundenlang grübelnd vor der Karte sitzt und dich nicht entscheiden kannst, dann bestell bei den nächsten drei Restaurantbesuchen das Gericht, das dir beim letzten Besuch richtig gut geschmeckt hat. Wenn du aber im Gegenteil stolz darauf bist, dass du dich im Restaurant immer blitzschnell entscheidest, weil du immer Schnitzel bestellst: Lies doch mal in Ruhe die Karte und bestell mal etwas anderes. Wenn du immer nur von »Change« schwärmst und stolz erzählst, dass du es in keinem Job, in keiner Wohnung und in keiner Beziehung länger als sechs Monate aushältst: Geh zum Kontinuitätsberater. Und lerne mal, am Ball zu bleiben. Wenn du aber seit zwanzig Jahren weder neue Möbel noch neue Klamotten gekauft hast: Change!

Ins Allgemeine gewendet lautet mein Rat: Schau immer, wer du bist, bevor du einen Psychohack anwendest. Und erhöhe die Anzahl deiner Alternativen, damit dir möglichst viele Verhaltensmuster zur Verfügung stehen. Wenn du ohnehin schüchtern bist, solltest du also die Verzwergungstaktik nicht anwenden. Aber als 1,90-Alphamännchen ist es klug, dich manchmal kleiner zu machen, um anderen die Angst zu nehmen. Klein und zart kann auch mal laut und deutlich werden – große, dominante Typen provozieren damit sofort Gegenwehr, die dürfen auch mal kurz schrumpfen. Mach dir also auch immer eines bewusst: Von wo aus kommunizierst du?

Vielleicht ist dir schon aufgefallen, dass ich dich in diesem Buch duze. Dies ist kein Zufall, sondern der erste kleine Psychohack. Aus der psychologischen Forschung wissen wir, dass »Du«-Botschaften besser und wohlwollender verarbeitet werden. Das liegt daran, dass wir von unserer Geburt an mindestens die ersten sechzehn Jahre geduzt werden. Dies ist die Zeit, in der wir am meisten lernen und uns am intensivsten entwickeln. Darüber hinaus sind es auch im Erwachsenenalter meist nahestehende Personen, die uns duzen. Ein »Sie« hören wir dann, wenn es amtlich wird oder eine persönliche Distanz existiert. Da ich dich in deiner Entwicklung von Herzen unterstützen und auf diesem Weg mit meinen Impulsen persönlich begleiten möchte, habe ich mich dazu entschieden, dich zu duzen. Ich hoffe, das ist okay für dich.

Und jetzt geht es los. Denk dran: Psychohacks sind Powersnacks – kleine, leicht verdauliche Häppchen mit starker Wirkung. Wie ein Energieriegel. Dieses Buch ist wie ein Büfett, auf dem ich eine große Auswahl dieser Snacks angerichtet habe. Vielleicht brauchst du nicht jeden Snack, und manche werden dir vielleicht nicht ganz so gut schmecken wie andere. Das kannst du nur selbst herausfinden – durch Probieren. Auch wie viel du auf einmal verträgst, musst du selbst einschätzen. Jedes Kapitel steht für sich. Also: Hau rein! Guten Appetit!

»Wir müssen reden!«

Wie man Paargespräche zum Erfolg bringt

Achtung, Binsenweisheit: In Partnerschaften gibt es Konflikte. Zum Beispiel infolge von Missverständnissen. Oder aufgrund unterschiedlicher Meinungen, Bedürfnisse und Interessen. Oder auch wegen extremer Belastungen – Kinder, Beruf, alte Eltern, Geldsorgen ... Dazu kommen zwei verschiedene Persönlichkeiten, Temperamente und Kommunikationsstile – der eine zieht sich im Konfliktfall eher zurück, die andere geht das Thema offensiv an. Jedenfalls fällt (hoffentlich) irgendwann der kluge Satz: »Wir müssen reden.« Und das bedeutet: nicht mal schnell zwischen Tür und Angel ein paar Argumente oder Beschimpfungen austauschen, sondern einen geregelten Rahmen schaffen und in Ruhe miteinander sprechen. Aber auch solche »ruhigen« Gespräche laufen oft genug aus dem Ruder – weil ein Partner sich unverstanden fühlt, weil einer seine Interessen partout durchsetzen will, weil man einander nicht ausreden lässt oder was auch immer. Und beide Partner verlassen das Gespräch mit dem frustrierenden Gefühl, nicht mal in einem geordneten Rahmen und außerhalb der akuten, emotionalen Streitsituation eine Verständigung hinzubekommen. Aber wenn man an dem Punkt ist, solche klärenden Gespräche lieber zu meiden, weil sie immer wieder eskalieren, herrscht höchste Alarmstufe.

Wie also bekommt man es hin, dass beide Partner mit einem guten Gefühl und einem Erfolgserlebnis aus einem solchen Gespräch gehen?

Psychohack: Die Kommunikationskerze

Konfliktgespräche sind anstrengend – auch weil nicht jeder dasselbe Tempo beim Verarbeiten von Informationen und Emotionen hat. Und während sich der eine geradezu wohlfühlt in der heißen Küche der herumfliegenden Wahrheiten, muss der andere immer wieder mal runterkommen und sich »abkühlen«. Deshalb ist es wichtig, das Bedürfnis nach einer Pause zu respektieren und jedem individuell die Möglichkeit einer solchen zu schaffen. Ein klassischer Fall von Wertschätzung in der Partnerschaft. Dabei hilft die Kommunikationskerze, eine alte asiatische Tradition. Auf dem Tisch zwischen euch steht eine Kerze, die ihr zu Beginn des Gesprächs anzündet. Das Kerzenlicht schafft eine entspannende Atmosphäre. Und es vermittelt trotz des zu klärenden Konflikts einen Hauch Romantik und erinnert euch daran, warum ihr zusammen seid und bleiben wollt. Dadurch geht ihr respektvoller miteinander um. Sobald die Situation für einen der Gesprächspartner zu anstrengend wird und er – egal aus welchen Gründen – eine Pause braucht, pustet er/sie die Kerze aus. Diese Regel beugt Überforderungen vor. Der Wunsch nach einer Pause muss nicht begründet werden – aber er ist mit der Verpflichtung verbunden, die Kerze nach der Pause wieder anzustecken und den anderen wieder ins Gespräch zu holen.

Regeln wie diese bilden immer einen Rahmen und führen damit automatisch zu einer besseren Kommunikation. Studien zeigen, dass Diskussionen weniger hitzig und zugleich zielführender sind, wenn sie nicht zwischen Tür und Angel, sondern geregelt stattfinden. Also, Kerze an! Du brauchst kein

Special Equipment – eine einfache Haushaltskerze reicht aus. Und vielleicht kann das abschließende gemeinsame Auspusten der Kerze nach geglückter Klärung sogar eine besonders schöne Form der partnerschaftlichen Kommunikation einleiten.

Psychohack: Der Indianische Redestab

Ein Dauerthema in Beziehungen und in Konfliktgesprächen ist das Gefühl, dass das Gegenüber gar nicht richtig zuhört. Das lässt sich vor allem am Unterbrechen festmachen. Aber auch daran, dass jemand einfach seinen Stiefel weiter durchzieht, nicht auf die Argumente des Gegenübers eingeht und kein Gespür hat für die Dynamik und die Schwingungen des Gesprächs sowie für die unausgesprochenen Bedürfnisse des anderen.

Bei nordamerikanischen Ureinwohnern wurde ein reich verzierter »Redestab« angeblich immer erst dann vom Redner weitergereicht, wenn dieser sich tatsächlich verstanden fühlte. Zum Beispiel weil das Gegenüber seinen Standpunkt so zusammengefasst hatte, dass er merkte: Das, was ich ausdrücken wollte, ist angekommen. Der Indianische Redestab wird auch gern in paartherapeutischen Gesprächen eingesetzt – jedenfalls in solchen, in denen sein Missbrauch als Waffe keine Gefahr ist.

Insbesondere Männern fällt das ruhige Zuhören oft schwer. Ich habe das mal bei mir selbst mit einer Stoppuhr überprüft und war regelrecht erschüttert: Obwohl Zuhören ein entscheidender Teil meines Berufs ist, dauerte es bei mir anfangs keine dreißig Sekunden, bevor ich den Drang hatte, etwas zu erwidern. Ich empfehle jedem Mann, mal selbst mit einer Eieruhr oder einem Timer zu messen, wie lange er ruhig und konzentriert (!) zuhören kann, ohne eine Antwort oder eine Lösung auf den Lippen zu haben. Die meisten Männer gehen davon aus, dass ihr Wissen dem des Gegenübers überlegen ist.

Und sie kommunizieren lösungsorientiert statt beziehungsorientiert. Aber Lösungen interessieren viele Menschen – und ja, besonders Frauen – in Krisensituationen nicht vorrangig. Sie brauchen erst einmal jemanden, der ihnen zuhört. Wohlgemerkt: Lösungsorientiertes Denken ist nicht per se falsch. Aber in manchen Situationen ist es unangemessen und nicht das Gefragte. Es ist eine gute Übung, erst mal nur zuzuhören und es auch mal zu ertragen, wenn ein paar Sekunden lang nichts gesagt wird. Oder die Partnerin weint. Wenn die verunsicherte Frau dann fragt, wieso man nichts sage, kann man richtig Punkte machen mit der Antwort: »Ich hör erst mal zu.« Und auch der simple Satz »Ja, das ist wirklich ein blöder Mist, der dir da passiert ist!« ist viel häufiger der richtige, als viele Männer es sich vorstellen können.

Psychohack: Die Luftpumpe

Man soll kein Fahrrad mit plattem Reifen fahren. Sprich: Man kann im Zustand der Erschöpfung kein vernünftiges Paargespräch führen. Dann kann es passieren, dass einer nur dasitzt und zu allem nickt, die besprochenen Änderungen aber trotzdem nicht eintreten, weil die Energie fehlt, sich wirklich damit auseinanderzusetzen und dann auch etwas zu verändern.

Deshalb sollte man vor ernsthafter Beziehungsarbeit immer checken, ob die Energie dafür auch da ist. Und notfalls klar aussprechen, dass sie fehlt: »Schatz, ich bin einfach zu erledigt zum Reden. Ich weiß, dass Beziehung auch Arbeit bedeutet und unsere Konfliktgespräche wichtig sind. Aber die Krise in meinem Betrieb und die Krankheit meiner Mutter fordern mich zu mehr als hundert Prozent. Für Beziehungsarbeit fehlt mir gerade einfach die Power. Es tut mir leid. Was sollen wir tun?« Oder einfach gesagt: »Ich bin momentan ein platter Reifen. Bevor ich mich wirklich mit unserer Beziehung beschäftigen kann, muss da erst mal wieder Luft rein.« Dann hat man allerdings auch die Verantwortung, sich zu kümmern. Jahrelang auf die fehlende Luft im Reifen hinzuweisen, ohne sich um Abhilfe zu bemühen, geht nicht. Wer Erschöpfung nur als Vorwand missbraucht, lästigen Diskussionen aus dem Weg zu gehen, spielt unfair.

Wenn man merkt, dass der Partner zu platt ist zum Reden, kann man das übrigens durchaus liebevoll ansprechen und so einen gewissen Druck aufbauen, es nicht schleifen zu lassen: »Ich wünsche dir, dass du etwas tun kannst, um bald wieder in deine Kraft zu kommen. Wie kann ich dich dabei unterstützen?«

Ebenfalls tabu ist die Wiederherstellung der eigenen Kraft auf Kosten des Partners. Sich aufs Sofa packen, »Mir geht's schlecht!« oder »Jetzt bin ich mal dran!« stöhnen und dem Partner alle Aufgaben überlassen ist kein akzeptabler Weg. Das hieße, sich die Luft beim anderen zu pumpen. Es muss aber frische Luft von außen in den Reifen kommen. Und man muss sich die Energie durch eigene Aktivitäten holen und nicht durch »Mitfahren« beim Partner, weil man ihm das Treten so noch schwerer macht. Beziehungsglück lässt sich aber nie erreichen, wenn bei beiden die Luft raus ist. Also: Fahrt mal getrennt in Urlaub oder auf Kur, wenn möglich. Fang an Sport zu treiben. Such dir einen Chor. Tu etwas für deine Energietanks – und komm dann zurück an den Tisch mit der Kommunikationskerze und dem Indianischen Redestab. Die Partnerin wird es dir danken.

Von der To-do-Liste erschlagen

Wie man Aufgaben sortiert – und die Durchführung schafft

Der normale Bürowahnsinn sieht ja vielfach so aus: Du kommst morgens frohgemut zur Arbeit und weißt, dass heute drei wichtige Aufgaben anstehen, dazu der übliche Kleinkram. Binnen einer Stunde ergeben sich aus den neuen Mails und den Anrufen und Besuchen der Kolleg:innen und Vorgesetzten (»asap«) siebzehn weitere Dinge, die unbedingt bis zum Abend erledigt sein sollen. Während des Tages wirst du permanent von der Arbeit abgehalten, weil es mal wieder zugeht wie in einem Taubenschlag: Sitzungen, Anrufe, »Nur mal ganz kurz«-Kollegenbesuche, dazu die Pausen und ... WhatsApp. Und wenn du abends nach zwei Überstunden völlig geschafft nach Hause gehst, sind die drei Aufgaben vom Morgen weiterhin unerledigt – und einige weitere noch dazugekommen. Du erstickst förmlich in unerledigter Arbeit.

Wie organisierst du in diesem Chaos deine Aufgaben – und zwar so, dass du nicht entmutigt wirst durch die schiere Menge? Viele arbeiten mit To-do-Listen, auf denen sie durchstreichen, was erledigt ist. Dieses Durchstreichen ist zwar ein befriedigender Moment – aber der wiegt den Frust darüber meistens nicht auf, dass die To-do-Liste immer länger wird und niemals abgearbeitet ist. Und solche nicht abgearbeiteten Listen reduzieren deine Selbstwirksamkeitsüberzeugung, weil du nie die positive Erfahrung machst, wirklich etwas hinzubekommen. Das frustriert und killt jegliche Motivation. Deshalb versuch es doch mal anders.

Psychohack: Das Macher-Schaschlik

Dieser Hack ist leichter umzusetzen als auszusprechen – versprochen! Du nimmst dir nur vier Dinge vor und jede dieser Aufgaben bekommt einen eigenen kleinen Zettel. Sobald du eine Aufgabe erledigt hast, spießt du den Zettel, wie du es vielleicht von den Bons in der Gastronomie kennst, auf einen Spieß. Wenn du alle vier Aufgaben erledigt und aufgespießt hast, schreibst du dir die nächsten vier Zettel. Im Gegensatz zu klassischen To-do-Listen, auf denen du Aufgaben abhakst oder durchstreichst, um die unerledigten Teile dann am Ende des Tages auf einen neuen Zettel zu übertragen und die alte Liste wegzuschmeißen, siehst du auf dem Spieß, wie viel du wirklich schaffst: Nach einigen Tagen prangt dort ein regelrechtes Macher-Schaschlik. Das tut deiner Selbstwirksamkeitsüberzeugung gut, und das Macher-Schaschlik wird zum echten Motivations-Booster. So machst du die Erfahrung, dass du eine Menge kannst, und hast direkt vor Augen, wie gut du eigentlich bist. Das stärkt dein Selbstbewusstsein, sodass du noch sicherer an kommende Aufgaben herangehst.

Psychohack: Der Express-Einsatz

Natürlich kann man sich einen Spaß daraus machen, auch kleine Dinge wie »Kantinenmenü checken« und »Papierkorb leeren« auf Schaschlik-Zettel oder auf die To-do-Liste zu packen und so öfter mal etwas zum Aufspießen oder Durchstreichen zu haben. Aber besonders effizient ist das nicht.

Wenn du dich im Laufe eines Tages nicht verzetteln und mehr schaffen willst, besorg dir eine Blanko-Postkarte, die du sichtbar am Arbeitsplatz platzierst. Auf diese Postkarte schreibst du dir die ZWEI-MINUTEN-REGEL: »Unter zwei Minuten Aufwand:

sofort machen! Über zwei Minuten Aufwand: für später planen.« Bekommst du eine E-Mail oder einen Anruf und du weißt, dass das Ganze sich innerhalb von dreißig Sekunden abarbeiten lässt: dann los! Du bist ja sowieso gerade rausgerissen worden aus dem Flow. Und das soll wegen dieser Bagatelle nicht später noch ein zweites Mal passieren. Wenn die Aufgabe aber länger als zwei Minuten beansprucht, planst du sie für ein konkretes Zeitfenster zu einem späteren Zeitpunkt ein. Diese Arbeitsweise hilft dir, den Tag deutlich besser zu organisieren: Kleinere Aufgaben werden direkt aus dem Kopf gestrichen und du hast Platz für größere und wichtigere Sachen. Es wäre viel aufwendiger, alles, was man in unter zwei Minuten erledigen kann, erst aufzuschreiben und sich die ganze Zeit daran zu erinnern, als es direkt zu tun, wenn es aufpoppt.

Leider helfen beide Hacks nicht dabei, aus zwanzig Aufgaben nur noch drei zu machen. Es bleibt meist dabei, dass man mehr zu erledigen hat, als man an einem Tag schaffen kann. Deshalb gilt es, Prioritäten zu setzen. Aber wie?

Psychohack: Die Max-drei-Liste

Vielen bekannt sein dürfte die Regel, beim Priorisieren Wichtiges von Eiligem zu unterscheiden. Dass die Kollegin dir nur noch in den nächsten zwei Stunden Gelegenheit gibt, deine Meinung zu ihren Ideen für die Weihnachtsfeier-Deko zu äußern, bedeutet nicht, dass du dich damit jetzt beschäftigen sollst, nur weil die Auftragsbestätigung des Großkunden erst in drei Stunden fertig sein muss. Natürlich geht der Großkunde vor, und die Weihnachtsfeier wird auch ohne deinen Senf zur Deko so schön wie immer. Aber auch bei Menschen, die die Eilig-wichtig-Regel kennen, gerät die »Unbedingt sofort«-Liste oft viel zu lang. Deshalb Klartext: Eine Prioritätenliste mit mehr als drei Punkten ist keine Prioritätenliste. Also wähle die drei wichtigsten Sachen aus, arbeite sie ab, steck sie auf den Spieß – und schreib dann eine neue 3er-Liste. Bei einer 10er-Liste hingegen hast du am Ende des Tages höchstwahrscheinlich etwa sieben Aufgaben angefangen und eine oder keine abgeschlossen. Und vielleicht ist das Allerwichtigste liegen geblieben.

Eine häufige Frage von Menschen mit (zu) vielen Aufgaben ist: Womit fange ich morgens an?

Psychohack: Krötenfreies Frühstück

Leute, die ausschließlich nach dem Lustprinzip leben, schieben den unangenehmen Anruf beim Chef meist so lange auf, bis der so richtig sauer ist. Andere leben nach dem Motto »Eat the frog in the morning«, beginnen also mit dem Schlimmsten. Ich empfehle einen Mittelweg: Fang nicht sofort mit dem Unangenehmsten an, sondern leg dir eine leichte, schnelle Sache ganz nach oben – sozusagen zum Warmlaufen und damit du mit einem Erfolgserlebnis in den Tag startest. Dann erst schluckst du die Kröte. Und wenn die weggeschafft ist, belohnst du dich wieder mit einer (relativ angenehmen) Spaßaufgabe. Durch diese »Sandwichmethode«, die die Kröte sozusagen in angenehme Aufgaben einwickelt, gehst du positiver in den Tag. Wenn du aber schon seit dem Vorabend weißt, mit welchem frustrierenden Mist dein Arbeitstag beginnen wird, hast du keinen Bock auf den Start in den Tag und schläfst eventuell schlechter.

»Das ist Jens und das ist … äh …«

Schlechtes Gedächtnis – was hilft?

Du gehst mit einem Bekannten die Straße entlang, als plötzlich eine Frau freudig auf dich zukommt, dich mit deinem Vornamen begrüßt und dann immer abwechselnd dich und deinen Begleiter erwartungsvoll anschaut. Du willst die beiden bekannt machen, aber dir fällt ihr Name partout nicht ein. Und du kannst schließlich nicht deinen Bekannten mit Namen vorstellen und sie nicht! Die Leere in deinem Kopf wird immer größer. Ist es eine Kollegin? Oder kennst du sie aus dem Sportverein? Aus dem Bioladen? Vom Elternabend? Verflixt!

Wer mit seinem Namen angesprochen wird, fühlt sich gesehen und wahrgenommen – und daher gut. Und wer erlebt, dass man sich nicht an seinen Namen erinnern kann, verliert ein Stück Selbstwertgefühl und Stärke. Und deshalb ist ein schlechtes Namensgedächtnis ein echter Fluch. Menschen, die davon betroffen sind, sind zum Beispiel blockiert, weil sie jemandem in unerwarteter Umgebung begegnen: etwa der Kollegin am Urlaubsstrand. Dem Fitnesstrainer bei einer Wohnungsbesichtigung. Dem Klempner beim Schulfest.

Wer sich aber Namen merken kann, wirkt auf Anhieb wertschätzender, intelligenter und sympathischer. Und jetzt die gute Nachricht: Du kannst es trainieren. Also, worauf wartest du noch?

Psychohack: Der Brain Booster

Mit dem »Brain Booster« wird das Namenmerken zum Kinderspiel. Er ist eine Mischung aus drei einfachen Techniken der Kognitionspsychologie:

1. **Du musst bewusst nach dem Namen fragen, genau hinhören und ihn auch vollständig verstehen.** Notfalls fragst du nach, auch mehrfach. Das ist bei komplizierten Namen oder einer lauten Umgebung ganz normal und viel weniger peinlich als ein späteres »Hallo, äh ... äh ...«. Die meisten Namen vergessen wir nämlich gar nicht, sondern wir nehmen sie gar nicht erst richtig wahr.
2. **Sobald du den Namen richtig verstanden und gehört hast, wiederholst du ihn direkt einige Male.** »Schön, dich kennenzulernen, Jürgen! Es ist doch für dich okay, dass ich dich Jürgen nenne? Ich bin der Rolf. Jürgen, kannst du mir sagen ... usw.« Die mehrfache Wiederholung verankert den Namen im Bewusstsein. Allerdings braucht es ein wenig Fingerspitzengefühl, damit du es nicht übertreibst und aufdringlich wirkst. Oder jeder merkt, dass du gerade eine mnemotechnische Übung durchziehst – so heißen Gedächtnistechniken.
3. **Mit dem letzten Schritt wird der Name unvergesslich. Du überlegst, wen du kennst, der auch so heißt.** Und in der Fantasie heftest du ein Foto des Namensvetters an die Brust des neuen Bekannten. Auf diese Weise wird der Name noch auf anderer Ebene verankert. Selbst wenn du den Namen der frischen Begegnung eine Stunde später nicht mehr nennen könntest: Der Brust-Button mit dem Foto des Namensvetters wird zur perfekten Gedächtnisstütze. Sobald du den Menschen siehst, fällt dir der Name mit hoher Wahrscheinlichkeit wieder ein. Weil dir dein gleichnamiger Studienfreund

vor das innere Auge tritt. Dieser Tipp hilft vor allem denjenigen, die sehr bildhaft denken.

Noch mal zusammengefasst, falls du es nur überflogen oder schon wieder vergessen hast: den neuen Namen bewusst wahrnehmen, ihn mehrfach wiederholen und ihn mit dem Bild eines vertrauten Namensvetters verbinden. So schnell wird man zum Mega-Hirn! Übrigens: Wenn ich Seminare mit bis zu zwanzig Teilnehmern leite, helfen mir diese Techniken dabei, alle Namen bereits nach der Vormittagsrunde sicher zu kennen, was regelmäßig für Verwunderung sorgt. Und die Leute positiv für mich einnimmt.

Manchmal geht es aber um mehr als nur ein Namens- und Gesichtsgedächtnis. Dann spielen sich innere Monologe wie dieser ab: »Oh Mann – was wollte ich noch mal hier in der Küche? Ach ja, die zwei Sachen auf den Einkaufszettel schreiben. Milch und ... verdammt! Wie kann das sein, dass ich das auf dem Weg vom Esszimmer hierher vergessen habe?! Und wo hab ich eigentlich meine Brille? Ach du Schreck – hab ich nicht vorgestern Wäsche reingetan? Die gammelt da jetzt vor sich hin ... Huch – wieso ruft meine Zahnarztpraxis an? Verdammt – der Kontrolltermin! Das war heute?!?« Und so weiter und so weiter. Der Zustand, in dem man alles vergisst und verlegt und in dem ohne Zettelchen, Handynotizen und To-do-Apps gar nichts mehr geht, nennt sich – wenn man nicht gerade an krankheitsbedingter Gedächtnisschwäche leidet – entweder »Alter« oder aber »Mental Overload«. Und gegen Letzteren kann man etwas tun. Was ist ein »Mental Overload«? Es ist wissenschaftlich untersucht, dass Menschen, wenn sie viel zu viel um die Ohren haben, nicht mehr zu bestimmten kognitiven Leistungen, also Denkleistungen fähig sind. Das gilt sowohl für berufsbedingten Stress als auch für krisenhafte Zeiten. Wenn man in einen solchen Zustand der mentalen Überlastung geraten ist, sind Selbstfürsorge und Selbstmitgefühl besonders wichtig.

Doch was kannst du parallel ganz pragmatisch tun, um deine Denkleistung wieder zu steigern?

Psychohack: Die Drei-Kanal-Strategie

Ähnlich wie beim Brain Booster geht es darum, sich etwas auf mehreren Wegen einzuprägen. Die drei Mnemotechniken, also Erinnerungstechniken sind:

1. **Laut aufsagen.**
2. **Sich ein Bild dazu merken.**
3. **Eine Geste dazu machen.**

Denn in Wirklichkeit vergessen wir gar nicht so viel. Wir prägen uns vieles nur gar nicht erst richtig ein, weil wir viel zu viele Dinge nebenbei machen. So legen wir die Schlüssel oder die Brille da ab, wo wir gerade sind, wenn wir plötzlich beide Hände frei haben müssen für eine andere Aktion. Aber wo war das noch mal? Um es dir einzuprägen, kannst du zum Beispiel so vorgehen. Du sagst laut: »Ich lege die Schlüssel auf das Radio.« Gleichzeitig prägst du dir das Bild der alten Radiotruhe ein, die bei deinen Eltern stand. Und du machst mit dem Daumen und dem Zeigefinger die Drehbewegung wie beim Lauterstellen des Radios. Wetten, du weißt später genau, wo die Schlüssel liegen?

»Krieg, Energie, Inflation … Ich krieg die Krise!«

Wie du belastende Situationen besser überstehst

Dieses Buch entstand im Sommer 2022. Die Corona-Pandemie hatte uns alle heftigst durchgeschüttelt und war noch immer nicht vorbei. Seit Februar tobte Putins Angriffskrieg gegen die Ukraine. Neben dem tausendfachen Tod, der Zerstörung und dem Leid, das er verursacht, und den vielen Geflüchteten, die bei uns Hilfe suchen, brachte der Krieg auch eine beispiellose Energiekrise und damit eine enorme Verteuerung der Lebenshaltung mit sich. Und alles schaute mit Sorge auf den kommenden Winter: Wird die Energie reichen, damit wir es weiterhin warm und hell haben? Und wer soll das alles bezahlen?

Auch ohne zu wissen, wie dieser Winter ist oder war und wie es weitergeht: Allein die Anhäufung der Sorgen des Sommers 2022 genügt, um sich völlig überfordert zu fühlen. Das Gefühl, dass alles den Bach runtergeht und die Gewissheiten der letzten Jahrzehnte totaler Unsicherheit weichen, macht hilflos. Die realen Probleme der Welt lassen sich nicht mit Psychohacks lösen. Aber wie wir ihnen als Individuen entgegentreten und wie wir persönlich mit dem Gefühl der Panik und der Machtlosigkeit fertigwerden können, dafür gibt es ein paar Tricks. Denn unsere (verständliche) Panik ist ja auch kein geeignetes Mittel gegen Krieg und Krise, sondern sorgt eher dafür, dass wir irrational reagieren und blockiert sind durch unsere Angst. Anstatt das uns Mögliche zu tun, um uns da durchzubeißen und unsere Lieben zu beschützen, so gut es geht. So wie unsere Eltern und Großeltern es vor acht Jahrzehnten unter noch viel schlimmeren Umständen schaffen mussten – und oft auch irgendwie geschafft haben. Wie also wird man fertig mit der Krise?

Psychohack: Reiß die Fassade ein!

Das Erste, was du tun musst, ist: Bekenne dich zu deiner Angst. Auch wenn du sensibler auf Krisen reagierst als andere, schäm dich nicht dafür, sondern nimm hin, dass du eben so bist. Du bist nun mal ein eher ängstlicher Typ. Und damit auch ein Mensch, der vorsichtiger, besser vorsorgender und umsichtiger ist als die ganzen unbekümmerten Drauflos-Typen, die denken, sie seien durch nichts zu erschüttern. Wenn du zu einer gesunden Selbstakzeptanz kommst, arbeitest du nicht mehr gegen deine Natur. Die Leute, die behaupten: »Ich bin nicht ängstlich«, obwohl sie Angst haben, investieren sehr viel Energie in das Aufrechterhalten ihrer Fassade, anstatt diese Energie in Lösungen zu stecken. Wer aber sich und anderen sagt, dass er ängstlich ist (oder mit Depressionen kämpft), wird heutzutage nur noch selten Ablehnung erfahren, sondern eher Anerkennung für die Offenheit bekommen und Dankbarkeit für die (Er-)Klärung. Die Menschen, die dir wichtig sind, werden mit Verständnis und Interesse reagieren. Und du kannst endlich deine ganze Energie dort verwenden, wo sie gebraucht wird: beim Managen der Krise.

Psychohack: Die Eine-Stunde-für-mich-Methode

Egal, ob du momentan stark leidest unter der Unsicherheit, die die Weltlage mit sich bringt, oder ob du das Kraftzentrum deiner Familie bist, an dem sich die anderen aufrichten: Du brauchst Zeit für dich, indem du Gutes für dich tust. Also guck einmal in dein privates Leben hinein. Wie viel Zeit verbringst du in Ruhe mit dir in der Natur? Oder mit einem guten inspirierenden Buch? Jeder Mensch, auch der stärkste und stabilste, braucht etwas positive Ruhe, um mit fordernden Situationen besser umgehen zu können. Wichtig ist hier das Prinzip der Selbstverantwortung: Wenn du merkst, dass dich die aktuelle Krisensituation sehr mitnimmt, solltest du deinen Tag neu strukturieren und solche Energietankstellen bewusst einplanen. Die meisten Menschen arbeiten oder lernen zu viel, quälen sich und gestatten sich nichts Positives. Gerade die, die sich am meisten nach Wertschätzung sehnen.

Was also tust du täglich dafür, dass es dir mit dir selbst gut geht? Ein Beispiel: Du kannst gut kochen? Dann koch in Krisenzeiten häufiger, auch für andere, damit es deiner Seele gut geht und du Anerkennung bekommst. Du spielst gern Doppelkopf? Dann aktiviere in schweren Zeiten deine Mitspieler:innen und sorge für regelmäßige Runden. Du gärtnerst gern? Dann lass notfalls mal andere Pflichten liegen und arbeite im Garten. Du liebst Klavierspielen? Dann setz dich täglich an die Tasten und sei nur mit dir und der Musik. Damit tust du nicht nur etwas für dich, sondern für alle. Weil du andere (hoffentlich) durch die Klänge erfreust – aber vor allem, weil du ihnen danach entspannter und ausgeglichener gegenübertreten wirst.

Gerade in Krisenzeiten musst du für dich selbst sorgen. Und darfst kein schlechtes Gewissen haben, wenn du trotz des Kriegs, der Klimakatastrophe, der Krebserkrankung deiner Mutter ein paar Stunden hast, in denen du dich um dich kümmerst und es dir gut geht. Nur daraus kommt die Kraft, danach weiterzumachen und dich der Krise und deinen Aufgaben darin zu stellen – anstatt angespannt und griesgrämig die Situation noch zu verschlimmern.

Also: Sei gut zu dir! Das gilt immer – eine Stunde am Tag soll nur für dich da sein. Außer du meinst, keine Zeit dafür zu haben und es nicht zu »dürfen«: Dann nimm dir zwei Stunden.

Psychohack: Nachrichtendiät

Es gibt ein Prinzip aus der Computerszene. Es heißt: **»Garbage in – garbage out.«** Bedeutet: Je mehr Müll du reinpackst, desto größer ist die Wahrscheinlichkeit, dass der Rechner auch Müll ausspuckt. Man kann dieses Prinzip auf den Konsum negativer Nachrichten übertragen: Je mehr solcher beunruhigenden Informationen du aufnimmst, desto größer ist die Wahrscheinlichkeit, dass das damit verbundene Bedrohungsgefühl sich in deinem Kopf einnistet und dort permanent Horrorfilme abspielt.

Damit kein Missverständnis aufkommt: Selbstverständlich soll man sich über die aktuelle Weltlage informieren und sich nicht komplett abschotten gegen Nachrichten über Krisen und Katastrophen – aber das bedeutet keinesfalls die Pflicht zu einem masochistischen Medienverhalten. Die Welt wird kein bisschen besser, wenn du dir abends um elf noch ein drittes Mal dieselben schrecklichen Bilder vom Krieg reinziehst und danach schlecht schläfst. Deshalb mach dir einen Diätplan, wie beim Abbau des Weihnachtsbäuchleins: letzte Nachrichtensendung um 20 Uhr. Danach Zeit für dich und Beschäftigung mit positiven, entspannenden Dingen. Vor dem Einschlafen ein Buch statt den Newsfeed. Und das Smartphone hat im Schlafzimmer nichts zu suchen. Breaking News sind auch am nächsten Morgen noch schlimm genug.

»Jetzt mal ehrlich!«

Feedback geben und verarbeiten

Der Personalleiter des mittelständischen Unternehmens, der mich nach meinem Vortrag anspricht, ist erkennbar zufrieden mit sich selbst, als er sagt: »Von Nörglern halten wir uns lieber fern.« Ich schaue ihn fragend an. Gerade habe ich über das heikle Thema »Feedbackkultur« gesprochen – und bin jetzt sehr gespannt, welche meiner Ausführungen er so missverstanden hat, wie es seine Aussage nahelegt.

Er fährt fort: »Wir haben das mit dem Feedback abgeschafft bei uns. Es hat die Leute nur verunsichert und demotiviert. Diese ständige Nörgelei und Kritisiererei hindert meine besten Leute am Arbeiten.«

Ich muss fast ein bisschen schmunzeln, als ich ihn frage: »Ist es Ihnen recht, wenn ich Ihnen antworte?«

Er schaut verwirrt: »Hä? Wieso? Ja, natürlich. Wie kommen Sie darauf, dass mir das nicht recht ist?«

Ich: »Na ja ... es ist Feedback.«

Er: »Ach so. Ja. Und?«

Ich: »Und es wäre kritisch.«

Er sieht mich tapfer an: »Na, dann los.«

Ich: »Oh, natürlich nicht jetzt und hier, beim Bier und zwischen Tür und Angel. Aber gern treffen wir uns morgen zum Frühstück.«

Am nächsten Morgen habe ich dem Personalleiter dann meine Einschätzung seiner Feedbackpolitik gegeben: »Ich glaube, dass Sie einem Irrtum aufgesessen sind. Und dazu einem Missverständnis. Der Irrtum ist, dass man Feedback abschafft, wenn man den Rahmen dafür abschafft. Feedback ist immer. Und wenn man es nicht in eine Kultur einbettet, passiert es informell. Durch hochgezogene Augenbrauen, hingeworfene Bemerkungen, lautstarke Auseinandersetzungen, verweigerte Gehaltserhöhungen und so weiter und so weiter. Deshalb rate ich Ihnen, die Feedbackgespräche schleunigst wieder einzuführen und sich anfangs eine qualifizierte Begleitung dazuzuholen.«

»Begleitung? Wieso das denn?«

»Wegen Ihres Missverständnisses. Ich mag falschliegen, aber mir scheint, dass sich in Ihrer Firma die Vorstellung gebildet hat, Feedback sei dasselbe wie destruktive Nörgelei. Aber das ist eine Karikatur von Feedback. Kritik trifft es schon eher – aber auch Kritik ist etwas anderes als Herumkritisieren. Diese beiden Dinge wollte ich Ihnen gern mitgeben.«

Was der gute Mann daraus gemacht hat, weiß ich nicht. Und ob er bemerkt hat, dass ich bei meiner Reaktion ein paar Grundregeln des Feedbacks beherzigt habe? Ich glaube eher nicht. Falls es dich aber interessiert: Hier sind die Regeln.

Psychohack: Den Rahmen schaffen

1. **Gib niemals ungefragt Feedback** und erkläre anderen niemals unaufgefordert die Welt und ihre Fehler. Das gehört sich nicht und ist auf seine Art ebenso distanzlos, wie jemandem einfach ins Gesicht zu fassen, um einen Brotkrümel zu entfernen. Macht ja auch niemand (außer Eltern mit ihren bedauernswerten Kindern).

Versuche nie, jemanden zu ändern und erzieherisch einzuwirken. Und gib keinen Rat, wenn derjenige keinen Leidensdruck hat. Wenn es dem Betreffenden selbst egal ist, dass er nicht geschmackvoll gekleidet ist, dass er vergesslich ist, dass sie einen nervösen Tic beim Sprechen hat und so weiter, und wenn es dich nicht unzumutbar belastet, dann halt die Klappe. Du musst und sollst dann nicht ungefragt eingreifen und aktiv werden. Dazu hast du kein Recht.

Wenn mich jemand fragt: »Darf ich mal ehrlich sein?« oder »Darf ich dir mal was sagen?«, antworte ich erst mal immer mit »Nö« – schon wegen der Freude am verblüfften Gesicht meines übergriffigen Gegenübers.

2. **Trenne Kritik und Lob.** Von der vielfach empfohlenen »Sandwichmethode« aus Lob – Kritik – Lob halte ich gar nichts. Sie hat dazu geführt, dass jeder gestresst auf ein Lob reagiert, weil er ahnt, dass gleich der eigentliche Kritikhammer kommt. Und oft kramt man irgendwelche läppischen Lobhudeleien zusammen, nur um den Hammer ein wenig in Watte zu packen. Hilft nichts. Also: Lobe, wenn du loben willst. Und kritisiere, wenn es etwas zu kritisieren gibt. Stulle statt Sandwich.
3. **Übe niemals aus spontanem Ärger oder zwischen Tür und Angel Kritik.** Nimm dir Zeit, schaffe einen Rahmen und bleibe sachlich. Deshalb: Feedbackgespräche als fester Posten im Kalender. Eine Stunde. Tür zu. Und gut vorbereitet. Und wenn es um unangenehme Wahrheiten geht, denk daran, *wie* du sie vermittelst. Man kann das tun, indem man dem Gegenüber einen nassen Lappen ins Gesicht schlägt – oder indem man ihm in den Mantel hilft, ihn also bei der Selbsterkenntnis unterstützt.
4. **Halte eigene Irrtümer für möglich** und beschreibe immer deine Perspektive: »Ich habe es so wahrgenommen, dass ...«

5. **Achte auf die Adressaten deines Feedbacks.** Es sollte so exakt wie möglich die Menschen erreichen, die gemeint sind. Deshalb: keine generalisierten Aussagen per Mail an alle. Wenn man pauschal moniert, dass die Monatsziele schon wieder nicht erreicht worden sind, fühlen sich nur die angesprochen, die Verantwortungsgefühl haben und an denen es gewiss nicht lag. An den Faulenzern, die eigentlich gemeint sind, prallt die Kritik hingegen ab. (»Wenn sie mich gemeint hätten, hätten sie es mir schließlich direkt gesagt.«) Und wenn man »das Team« dafür lobt, dass es eine bahnbrechende Innovation gab, wird sich der fleißige Tüftler, der dafür verantwortlich ist, nicht ausreichend gewürdigt fühlen, während die von sich überzeugten Flachzangen zu Hause stolz erzählen werden: »*Wir* haben mal wieder was Tolles erfunden.«

Psychohack: Ich bin nicht meine Fehler

Der Wunsch, diesen Feedbackkram einfach abzuschaffen, kommt daher, dass Kritik schmerzt. Niemand hört gern, dass er etwas schlecht gemacht oder verbummelt hat. Du solltest dich dennoch nicht immunisieren gegen negatives Feedback – sondern es als Chance sehen, etwas zu verbessern. Auch harte Kritik produktiv zu nutzen, gelingt dir dann, wenn du dich einmal fragst, warum du auf negative Kommentare immer so empfindlich reagierst. In der Regel kommt das daher, dass du nicht ausreichend trennst zwischen deinem Handeln und deiner Person. Mach dir einmal klar: Wer zu dir sagt: »Das hast du nicht gut gemacht«, sagt damit *nicht*: »Du als Mensch bist schlecht und unbrauchbar.« Oder als Kurzformel: Du bist nicht deine Fehler.

Psychohack: Kritik als Chance

Vor allem Kreative beklagen oft, dass Ideen häufig zerredet werden, weil jeder sich aufgefordert fühlt, seinen Senf dazuzugeben – und weil viele denken, sie seien nur dann ernst zu nehmen, wenn sie etwas Negatives sagen. Während die, die etwas Positives sagen würden, oft schweigen, weil sie nicht für unkritische Jasager gehalten werden wollen. Ein Bekannter drückte es mal so aus: »Häufig übergießen Kollegen und Kolleginnen eine zaghaft entstehende Idee sofort mit einem Sirup der Unlust: ›Das hatten wir doch schon mal‹ – ›Ist doch Mist‹ – ›Versteh ich nicht‹.« Klar, das frustriert. Aber dennoch bleibe ich dabei: Kritik kann äußerst hilfreich sein. Nutze die Chance, die in der Kritik liegt. Auch in harter Kritik. Umgib dich mit Freunden, die dir die Wahrheit sagen. Zum Beispiel, dass deine Idee nicht überzeugend ist oder noch nicht zu Ende gedacht. Setz dich dem Stress anderer Meinungen aus. Immunisiere dich nicht gegen andere Gedanken. Wenn man *Deutschland sucht den Superstar* schaut, wünscht man sich doch bei vielen Kandidat:innen, dass ihnen mal *einer* aus ihrem Familien- oder Freundeskreis ganz brutal gesagt hätte: »Du kannst nicht gut singen!« Das hätte ihnen viel Hohn und Leid erspart.

Ich habe mal mit einer Hochzeitsrednerin gearbeitet. Sie hatte für einen Zeitungsartikel elf Tipps für eine gelingende Hochzeitsrede notiert: weitgehend banale und erwartbare Ratschläge. Und ich sagte ihr das auf ihre Nachfrage sehr direkt: »Das ist Mist. Langweilig.« Nach dem ersten Frust öffnete sie sich und wir entwickelten gemeinsam neue, originellere Tipps. Und am Ende war sie dankbar und zufrieden. Man muss eben im Dreck wühlen, um die Diamanten zu finden. Viele Menschen wünschen sich ein ehrliches Feedback – weil sie keine Ahnung haben, wie sie auf andere wirken.

Psychohack: Gratiscoaching

Im Business gibt es die 360-GRAD-METHODE, bei der Vorgesetzte, Untergebene, Kollegen und Geschäftspartner einen

Mitarbeiter beurteilen. Etwas in der Art kannst du auch privat machen – wenn du mal wirklich fruchtbares Feedback bekommen möchtest und den Mut hast, dich der Ehrlichkeit auszusetzen. Und zwar so: Such dir fünf Leute und gib ihnen jeweils einen Zettel mit den Zahlen von 1 bis 5 und einer Zeile zum Beschriften daneben. Überschrift: »Jetzt mal ehrlich«. Je selbstbewusster du bist, desto weniger musst du darauf achten, dass es Leute sind, die dich mögen. Sie sollen nun – jeder für sich – jeweils fünf Adjektive aufschreiben, die ihrer Meinung nach auf dich zutreffen. Ehrlich, aber wertschätzend.

Bevor du dir die Ergebnisse anschaust, schreib doch mal selbst auf, was du als häufige Antworten vermutest, wie du dich also selbst siehst. Und dann vergleiche: Was taucht auch bei deinen fünf Feedbackgebern auf – und genauso wichtig: Was fehlt? Wenn du zum Beispiel »humorvoll« erwartet hast und es kommt »zynisch« oder »sarkastisch«, solltest du über die Dosierung deiner Pointen nachdenken, die auf Kosten anderer gehen. Wenn du mit »sozial« gerechnet hast, aber »durchsetzungsfähig« liest, weist das eventuell auch auf eine problematische Selbstwahrnehmung hin. Wenn du »stilbewusst« erhofft hast, aber stattdessen »eigenwillig gekleidet« oder »schrill« liest, wird dich das auch ins Grübeln bringen. Und wenn du »selbstkritisch« erwartet hast und es kommt nicht, aber dafür zweimal »sensibel« – dann lohnt es sich, darüber nachzudenken, ob du wirklich so gut mit Kritik an dir umgehen kannst, wie du dachtest. Das gilt erst recht, wenn keine der fünfundzwanzig Antworten negativ oder kritisch ist. Dann hält man dich ganz offenbar für kritikunfähig und instabil. Normal wären bei der Bitte um ehrliches Feedback drei positive und zwei kritische Adjektive.

Danach kannst du mit den Leuten ins offene Gespräch gehen: »Warum hältst du mich für kritikunfähig?« Aber nur, wenn du dir zutraust, die Antworten auszuhalten. Die Einschätzung durch die fünf Freunde spart dir dann eventuell viel Geld, das sonst für ein Coaching draufgegangen wäre.

Die Qual der unbegrenzten Möglichkeiten

Entscheidungen treffen und dazu stehen

»Aber der rote Pullover war schon auch toll. Hätte ich doch lieber den nehmen sollen?«

»Oh, das sieht ja super aus, was du da auf dem Teller hast. Mist, hätte ich doch nur das bestellt!«

»Ja, ich komm gleich, Schatz – ich schreib hier gerade noch eine wichtige Mail. Aber dann machen wir es uns gemütlich. Oh, mein Chef hat schon geantwortet. Da muss ich jetzt doch noch mal ...«

Drei Situationen, die zeigen, wie schwer sich Menschen mit Entscheidungen tun können. Und es ist ja auch nicht leicht. Nehmen wir nur den materiellen Wohlstand, in dem die meisten von uns leben. Vor fünfhundert Jahren war ein Mensch in Mitteleuropa im Laufe seines Lebens durchschnittlich von vierhundert Gegenständen umgeben. Heute sind es zehntausend. Und während es damals zu den allermeisten Dingen – der einen Tonschale für das Essen, der einen Pflugschar, dem einen Paar Arbeitsschuhe – keine Alternative gab, können (oder müssen) wir heute bei fast jeder Anschaffung unter zehn oder hundert Marken und Produkten wählen. Und so hadern viele Menschen mit dem Entscheiden – sowohl davor als auch danach. Wer sich damit schwertut, zu entscheiden und dann dazu zu stehen, freut sich nicht über den »erbeuteten« Pullover, *für* den er oder sie sich entschieden hat, sondern denkt an die neunundneunzig angeschauten und nicht gekauften, *gegen* die die Entscheidung fiel. Neunundneunzig Möglichkeiten, dass man etwas falsch gemacht hat. Und das Schnitzel der anderen sieht so viel leckerer aus als die eigenen Spaghetti. Im Kinosaal 2 wird viel lauter gelacht als hier bei uns. In Spanien soll herrliches Wetter sein, während es an der Ostsee sicher regnen wird, wenn wir da sind.

Aber auch jenseits von Anschaffungen und Konsumentscheidungen fällt es vielen schwer, sich zu entscheiden und vor allem: sich hundertprozentig auf die eigene Entscheidung einzulassen. Sie nicht mehr zu hinterfragen. Vorher hinterfragen ist gut – aber hinterher ist es die perfekte Anleitung zum Unglücklichsein. Und am schlimmsten ist es, wenn man sich *während* der Zeit, die man mit Menschen verbringt, permanent fragt, ob man jetzt doch besser woanders wäre. Das zerstört den Genuss für alle – und bringt keinerlei Nutzen. Weil man ja nicht woanders *ist*. Mit dem Grübeln und dem schlechten Gewissen katapultiert man sich allerdings tatsächlich weit weg, ins Niemandsland.

Dass wir uns mit Entscheidungen so schwertun, hat vor allem damit zu tun, dass wir uns mit anderen vergleichen. Uns beschäftigt nicht so sehr, dass unsere Entscheidung nicht optimal sein könnte (welche ist das schon?), als vielmehr der Gedanke, dass andere vielleicht bessere Entscheidungen treffen als wir. Zum Thema »Vergleichen« an anderer Stelle des Buches mehr. Hier erst mal der Entscheidungs-Hack. Er hat mir selbst vor einiger Zeit geholfen.

Psychohack: Der Schiri-Pfiff

Im Juni 2021 spielte Deutschland im Achtelfinale der Fußball-EM der Männer gegen England. An einem Dienstag um 18 Uhr. Um diese Zeit sitze ich normalerweise am Schreibtisch.

Aber natürlich hatten mein damals zwölfjähriger Sohn und ich große Lust auf das Spiel. Andererseits hatte ich einem Redakteur für den nächsten Morgen ein Konzept versprochen, mit dem ich noch nicht mal angefangen hatte. Beides war nicht zu schaffen. Entweder ich würde Lebenszeit mit meinem Sohn verbringen (und das Spiel sehen) oder ich würde mein Versprechen halten und das Konzept liefern. Im Ergebnis saß ich ab 18:05 auf der Couch vor der Glotze, war mit den Gedanken aber bei dem verdammten Konzept. Und hatte ein schlechtes Gewissen. Natürlich spürte mein Sohn, dass ich nicht bei der Sache war – auch ihm nahm ich einen Teil der Freude. Papa war da, aber auch nicht da. Und während »Unentschieden« für ein Spiel meistens Spannung bedeutet, heißt es für einen Menschen immer Anspannung. Nachdem ich in diesem blöden Zustand die ersten Minuten des Spiels verfolgt hatte, rettete mich der Schiedsrichter. Er zeigte einem Spieler die gelbe Karte. Und erinnerte mich so an einen Psychohack zum Thema Entscheidungen, den ich meinem Kollegen Niklas Jost verdanke und gern anderen vorschlage. Nur auf die Idee, ihn auch mal an mir selbst auszuprobieren, war ich von allein nicht gekommen. Unter den staunenden Blicken meines Sohns holte ich eine dünne Pappe und eine Schere aus der Kommode. Ich schnitt ein postkartengroßes Stück aus und schrieb auf die eine Seite »KONZEPT«, auf die andere »EM«. Dann stand ich auf und zeigte mir selbst theatralisch die »EM«-Seite der Karte. Und dann schauten wir das Spiel entspannt und aufmerksam zu Ende. Ohne schlechtes Gewissen.

Was hatte ich da gemacht? Ich hatte mich gezwungen, eine Entscheidung zu treffen und sie zu manifestieren. Und ich befolgte die alte Fußballregel, wonach Entscheidungen des Schiedsrichters »Tatsachenentscheidungen« sind. (Einen Videobeweis gibt es in unserer Wohnung zum Glück nicht.)

Das bedeutet: Wenn eine Entscheidung gefallen ist, dann gilt sie und wird nicht mehr hinterfragt.

Für den Psychohack »Der Schiri-Pfiff« brauchst du einen Stift und ein kleines Kärtchen. Es sollte in dein Portemonnaie passen. Auf die eine Seite schreibst du ein großes JA, auf die andere ein großes NEIN. Wenn du Farben magst, kannst du auch die eine Seite grün ausmalen und die andere Seite rot. Und wenn du dich das nächste Mal nicht entscheiden kannst, dann machst du Folgendes: Definiere klar, wofür oder wogegen du dich entscheiden musst. Es muss eine Ja-Nein-Entscheidung sein. Zum Beispiel: Kaufe ich die Hose für 49 Euro und lasse die für 79 liegen? Oder: Bestelle ich die Nudeln und nicht das asiatische Gericht? Wenn klar ist, wofür oder wogegen du dich entscheiden musst, dann: Entscheide. Das kann dir niemand abnehmen. Ob du dafür einen Abzählreim aufsagst, deine Mama anrufst oder auf deinen Bauch hörst – jetzt wird entschieden. Und nun kommt das Wichtigste: Du ziehst die Karte raus. Dann stehst du auf und straffst dich. Und zeigst dir entschlossen die Seite der Karte, die deiner Entscheidung entspricht. Dazu sagst du laut: »Es ist entschieden.« Notfalls geh dafür aufs Klo oder in die Umkleidekabine. Entscheidend (!) ist: Was du beschlossen hast, das gilt jetzt. Die Schiedsrichterin hat es entschieden.

Es mag dir etwas albern vorkommen, dir selbst ein Stück Papier zu zeigen und dabei Selbstgespräche zu führen – aber du wirst sehen, es wirkt. Ich staune auch bei mir selbst immer wieder, wie anders es sich anfühlt, wann man etwas mit Handlungen und Gesten untermauert, anstatt es nur im Kopf zu bewegen.

Übrigens: Wenn du ein chronisch schlechter Entscheider bist, wirf einfach eine Münze. Und wenn dir das Ergebnis total widerstrebt, weißt du, dass die andere Entscheidung die richtige ist.

»Papa ist super, aber Mama nervt«

Wie man Erziehungsrollen fairer verteilt

Viele Leserinnen werden das Dilemma kennen, das mir eine Mutter schilderte: »Weil ich bei uns den Alltag mit den Kindern manage, bin ich für Konsequenz, Ermahnungen, Aufräumen und Strengsein zuständig. Mein Mann hingegen ist der große Kumpel fürs Toben und Spielen am Wochenende. Er sieht darin kein Problem – aber ich empfinde es als ungerecht. Wie können wir damit umgehen?«

Es gibt ja bereits viele gute Argumente für die gleichberechtigte Aufteilung der täglichen Erziehungsarbeit zwischen den Elternteilen. Das oben genannte ist ein weiteres. Eine Familie zu managen ist ein anstrengender Fulltimejob, der dazu noch unbezahlt ist und gesellschaftlich nicht ausreichend anerkannt wird. Die nervliche und körperliche Belastung ist hoch. Es ist chaotisch und laut, man ist nie fertig und kann nie planen, was im nächsten Moment passiert. Wer eine Familie mit kleinen Kindern managt – oft kombiniert mit einem Teilzeitjob –, schwankt dauernd zwischen geistiger Unter- und nervlicher Überforderung. Natürlich gibt es inzwischen auch viele Männer, die diesen Job übernehmen. Aber meistens sind immer noch Frauen die Familienmanager, die den Alltag mit den Kindern in der Hauptsache allein wuppen und dann zum Dank Kindersätze wie diesen hören: »Papa meckert viel weniger und lacht immer.« Natürlich können die

Kinder nichts für ihre Wahrnehmung, Mama sei die Polizistin und Papa der große Spielkamerad – aber ungerecht ist sie dennoch.

Noch schwerer zu ertragen wird diese Ungerechtigkeit, wenn der Partner die Situation nicht reflektiert und gar nicht wahrnimmt, wie viel Arbeit, Stress und Konflikte zum Erziehungsalltag gehören. Und wenn er sich in Situationen, in denen Konsequenz gefragt ist, am liebsten »raushält«. Diese Einstellung ist nicht nur unsolidarisch, sondern beruht auch auf einem Irrtum. Denn: Wer sich raushält, erzieht auch. Väter spüren die Leerstelle oft, die ihre Abwesenheit und ihr Raushalten in der Kinderseele schaffen, und versuchen das durch Nachgiebigkeit, wilde Spaßunternehmungen oder sogar Geschenke zu kompensieren. Damit zementieren sie die ungerechte Aufgabenteilung noch. Wichtig wäre stattdessen, dass die Kinder in allen Situationen des Alltags auch eine männliche Bezugsperson erleben. Doch leider verhindern die Verhältnisse in der Arbeitswelt häufig, dass sich eine dauerhafte 50:50-Aufteilung der Erziehungsarbeit ohne Weiteres organisieren lässt. Aber die Einstellungen zum Thema lassen sich auf jeden Fall verändern. Wie also kommt man raus aus der Rollenschublade? Ich empfehle eine Konfrontationstherapie.

Psychohack: Papa kriegt einen Urlaub spendiert!

Klingt erst mal absurd, oder? Aber Papa soll natürlich nicht allein wegfahren, sondern mit den Kindern. Und ohne Mama. Mindestens für eine Woche. Wenn du der Mann bist, der normalerweise den ganzen Tag arbeitet und sich auch abends eher »raushält«, dann wird das eine neue und sicher lehrreiche Erfahrung für dich. Mehrere Tage lang mit den Kindern zusammen zu sein und alle Situationen aushalten und lösen zu müssen, konfrontiert dich gnadenlos mit der Realität. Jedes umgefallene Glas, jede Heulerei, Quengelei und Streiterei, jedes verlorene Spielzeug, jede laufende Nase, jedes Neueinkleiden nach dem Matschpfützenunfall, jede Fiebernacht: Alles hängt an dir.

Vor allem für Väter, die nie mit anpacken und sich stattdessen der Meinung ihrer Kinder anschließen und genervt sind von den manchmal ungemütlichen Bemühungen ihrer Partnerin um das Funktionieren des Familienunternehmens, ist ein solcher Realitätsschock heilsam. Danach dürften sie die tägliche Erziehungsleistung ihrer Frauen zu schätzen wissen – und hoffentlich auch besser verstehen, wie kontraproduktiv die »Superpapa-Spendierhosen-Nummer« ist.

Den zweiten Lerneffekt kann man noch verstärken – aber dafür muss auch die Mutter etwas verändern. Das gilt erst recht, wenn der Vater wider Erwarten nicht völlig geschafft aus dem »Urlaub« zurückkommt, sondern alle tiefenentspannt und fröhlich sind. Dann ist es Zeit, dass auch die Mutter sich und ihre Standards hinterfragt.

Psychohack: Mama entspannt sich

Wenn du die erwähnte, oft überbeanspruchte Familienmanagerin bist: Verabschiede dich von der Vorstellung, dass du für alles allein verantwortlich bist und alles allein schaffen musst. Nimm dir stattdessen mehr Momente, in denen du den Kindern und dir Wünsche erfüllst und ihr nach dem Lustprinzip lebt. Manches von dem, was du als Mutter für deine Aufgabe am Tag hältst, ist vielleicht gar nicht so wichtig oder hat auch Zeit bis abends, wenn Papa nach Hause kommt. Ein spontaner Zoobesuch mit den Kindern ist wichtiger – auch ohne ausgefeilte logistische Vorbereitung. Kinder können mit Improvisation umgehen. Löse dich von alten Rollenerwartungen und von der Angst, eine Rabenmutter zu sein, wenn dein Kind auf dem Spielplatz ein Shirt mit einem Fleck drauf anhat. Buddeln mit Mama ist wichtiger als zu Hause

Wäsche machen. Oder gar die Hemden des Mannes zu bügeln – das kann er nun wirklich selbst machen, wenn es ihm wichtig ist. Und nimm dir mal etwas Schönes für den Abend vor, an dem der nächste Elternabend ansteht. Dann muss dein Mann da hin. Und wenn mal niemand von euch teilnimmt, geht die Welt auch nicht unter.

Gerade Frauen, die die Männer gern raushalten und Haushalt und Erziehung für Frauensache halten, müssen an sich arbeiten. Aus der täglichen Überforderung entsteht oft ein Gefühl wie: »Wenn er sich schon raushält, dann will ich wenigstens die Alleinherrscherin in meinem Land sein.« Aber wer will, dass der Vater sich mehr beteiligt, muss ihn auch lassen. Und ertragen, dass Väter manches anders machen als Mütter.

Wichtig: Dein erwachsener Partner ist nicht Teil deines mütterlichen Erziehungsauftrags. Zweifache Mütter, die Dinge sagen wie: »Eigentlich habe ich ja drei Kinder zu Hause«, dürfen sich nicht wundern, wenn der Mann sich irgendwann in diese Rolle fügt und nichts beiträgt zum Familienmanagement. Wichtig ist auch, dass ihr den Konflikt nicht aus Harmoniesucht oder Konfliktscheu ungelöst lasst. Nichts ist schlimmer als eine über Jahre aufgebaute und nie bearbeitete Frustration. Also diskutiert es aus – in regelmäßigen Erziehungsdates und notfalls auch im Rahmen einer Erziehungsberatung.

Und falls der Tipp noch rechtzeitig kommt: Mit jemandem, der von vornherein sagt: »Für das mit der Erziehung hab ich keine Zeit« oder gar: »Darauf habe ich keine Lust«, sollte man kein Kind in die Welt setzen.

»Och nö - nicht wieder dieses Thema!«

Wie man Gespräche umlenkt, ohne unhöflich zu sein

Gespräche über Wetter, Politik oder Sport dienen ja vor allem der Herstellung von Nähe und dem kommunikativen Austausch und nicht der Informationsweitergabe oder der Arbeit an einer konkreten Veränderung. Themen wie die genannten interessieren fast jeden. Aber manchmal reitet jemand gnadenlos sein Steckenpferd-Thema und monologisiert über Nutzpflanzen, Elektromotoren oder Dokumentarfilme aus Südamerika. Oder es ist klar, dass ihr politisch zu unterschiedlicher Meinung seid und es schnell zum Streit käme. Was macht man dann?

Wichtig ist: Du musst dich nicht aus Höflichkeit zum Opfer der Kommunikation mit einem anderen machen. Wie also kannst du Gespräche so von unerwünschten Lieblings- oder Konfliktthemen weglenken, dass der andere nicht gekränkt ist, die Unterhaltung also trotzdem weitergeht?

Psychohack: Die Touch-Turn-Talk-Methode

Den Hinweis auf diese Methode verdanke ich Marie-Theres Braun. Mit der Touch-Turn-Talk-Methode greifst du das Lieblingsthema des anderen auf (Touch) und nutzt es, um auf ein anderes Thema umzulenken (Turn), das euch beide interessiert und das weniger Streitpotenzial bietet. Dann führe das Gespräch ganz locker weiter (Talk). Zum Beispiel so: »Ja, Elektromotoren sind faszinierend. Sie spielen ja auch eine große Rolle für die Mobilitätswende. Aber dafür braucht es natürlich ausreichend erneuerbare Energie. Wie siehst du das: Kann das klappen?«

Oder so: »Ich finde Landwirtschaft auch ein total spannendes Thema. Ich backe übrigens seit einiger Zeit unser Brot selbst. Welches Getreide findest du am geeignetsten fürs Brotbacken?«

Je besser du deinen Gesprächspartner kennst, desto besser kann *Touch Turn Talk* funktionieren. Denn das Thema, auf das du ihn lenkst, sollte ihn natürlich auch interessieren. Wenn du einfach plump auf dein eigenes Spezialthema »Amphibien« oder »Rafting« umlenkst, fühlt er sich höchstwahrscheinlich manipuliert und weggeschoben. Bei Männern ist zum Beispiel Fußball eine recht sichere Nummer: »Apropos Filme: Ich bin schon manchmal gefragt worden, welches mein erster Kinofilm war. Hab ich vergessen. Aber an meinen ersten Stadionbesuch erinnere ich mich noch genau. Du auch?«

Der auf dein Gegenüber zugeschnittene Themenwechsel führt dazu, dass du dich aus unerwünschten Gesprächsthemen rausholen kannst. Und niemand ist danach sauer auf dich.

Tausendmal berührt …

Vertragen sich Amor, Eros und Freundschaft?

Wer erinnert sich nicht an die Rotz-und-Wasser-Szene aus *Harry und Sally*? Sally hat gerade erfahren, dass ihr Ex heiraten wird, und ruft mitten in der Nacht heulend ihren langjährigen, manchmal ziemlich besten Freund Harry an. Der eilt herbei, um sie zu trösten, und reicht ihr mit genervter Geduld ein Kleenex nach dem anderen. Sie weint sich in seinen Armen aus – und plötzlich wird aus der Umarmung etwas anderes. Und dieses Andere endet im Bett. Gute Idee?

Bei Harry und Sally geht die Sache ganz am Ende natürlich gut aus. Weil es ein Hollywoodfilm ist und nicht das wahre Leben. In diesem wahren Leben aber ist die Chance auf einen glücklichen Ausgang etwa so hoch wie die auf einen Millionengewinn im Lotto. Und deshalb sollte man sich eher daran orientieren, was nach dieser einen Nacht und dem aus dem Ruder gelaufenen Trösten erst einmal mit Harry und Sally passiert: Es gibt keine Beziehung, stattdessen ist die Freundschaft für lange Zeit im Eimer. Die eine gemeinsame Nacht ist Harry peinlich, was Sally kränkt und sauer macht. Vollkatastrophe. Und im echten Leben käme jetzt der Abspann.

Dabei schien die Lösung von Sallys Seelenproblem doch im wahrsten Sinne des Wortes naheliegend. Sie war traurig und fühlte sich einsam und verlassen – und neben ihr auf dem Bett befand sich der vertrauteste Mensch, den sie kannte. Und so geht es vielen in Zeiten des Kummers: Sie suchen und brauchen

Nähe – und die bietet am zuverlässigsten ein nahestehender Mensch wie der beste Freund oder die beste Freundin. Und weil die verwundete Seele sperrangelweit offen steht, erscheint dieser vertraute Mensch in der Stunde der Not plötzlich auch als die Erfüllung aller erotischen Träume. Was man vorher aber nie bemerkt hat.

Natürlich gibt es sehr glückliche Beziehungen, die als Freundschaften begonnen haben. Aber dieser Übergang geht normalerweise sehr schnell. Und wenn beide frei und stabil sind und keine frische Trennung hinter sich haben, der Wechsel zur erotischen Ebene also keine Verzweiflungstat ist, spricht selbstverständlich nichts dagegen. Aber das ist nicht vergleichbar mit einer langen Freundschaft, in der es bisher nie geknistert hat.

Mein Rat dürfte längst klar geworden sein: Finger weg von einer sexuellen Beziehung zur langjährigen besten Freundin und dem besten Freund! Vor allem nach einer schmerzlichen Trennung gilt: Solange das Innere nicht geheilt ist, ist jede neue Partnerschaft nur Symptombekämpfung. Die Liebeswahl sollte aber niemals aus Verzweiflung geschehen. Und erst recht sollte nicht die beste Freundschaft einer solchen Verzweiflungstat zum Opfer fallen. Wenn schon, dann sollte man sich mit anonymen One-Night-Stands zu trösten versuchen – aber nicht kostbare Verbindungen mit in den Abgrund ziehen und einem geschätzten Menschen wehtun. Denn nach einer solchen Nacht sind alle durcheinander – und nichts ist besser als vorher. Das gilt erst recht, wenn man sich nach der einen Nacht nicht darüber einig ist, dass jetzt jemand den Filmsatz »Das war ein Fehler« aussprechen und der andere eifrig und erleichtert nicken sollte. Spätestens dann, wenn durch den Sex bei einem von beiden eine Sehnsucht entsteht, die nach Wiederholung schreit, wird klar, dass es das nicht wert war. Weil am Ende höchstwahrscheinlich keine dauerhafte

Beziehung entsteht und die Freundschaft auch beschädigt ist. Und weil man vorher nie weiß, wen die Gefühle auf Achterbahnfahrt schicken, kann man nur empfehlen: Lass es! Mach dir klar, dass du entscheiden musst, was dir wichtiger ist – der schnelle Sex oder die langjährige Freundschaft.

Aber wenn das Knistern und Kribbeln nun mal in der Welt ist. Wenn es – zum Beispiel bei einer Party mit viel Alkohol oder in einer emotional angespannten Tröstsituation wie bei *Harry und Sally* – zu tiefen Blicken und intimen Berührungen gekommen ist und plötzlich Schmetterlinge durch die Luft zu fliegen scheinen: Wie genau kriegt man das wieder abgekühlt? Was hilft der Vernunft auf die Sprünge?

Psychohack: Der Lustkiller-Talk

Aufklärung und sexualisierte Medien hin oder her: Sex lebt auch vom Reiz des Verbotenen. Und diesen Reiz kann man sabotieren. Alle, die als Jugendliche mal erleben mussten, wie ihre Eltern ihnen den Gebrauch von Kondomen nahelegten, wissen, wie abtörnend ein »vernünftiges« Gespräch über das Unvernünftigste der Welt ist. Wenn du also spürst, dass da ein Knistern ist zwischen dir und der besten Freundin beziehungsweise dem besten Freund, dann werde zum Abtörner. Verabrede dich mit ihr oder ihm und führe ein unromantisches, staubtrockenes, abtörnendes Gespräch über deine sexuelle Not. Das Gespräch sollte vormittags stattfinden. Ihr solltet umgeben sein von viel Beton. Es sollte ein so öffentlicher Ort sein, dass ihr zwar nicht gehört, aber gesehen und jederzeit gestört werden könnt. Und es herrscht natürlich absolutes Kerzen- und Flirtverbot. Keine Hintertürchen. Kein verbales Erinnern an das Geschehene: das Kribbeln, die Berührung, das geflüsterte »Wollte ich schon immer mal sagen«-Kompliment, den zu intimen Abschiedskuss oder was auch immer. Sei so langweilig, wie du kannst. Eure Freundschaft wird es dir danken.

Nicht weniger heikel: in den Partner des besten Freundes verliebt

Manchmal ist es noch komplizierter als bei Harry und Sally – weil sich in einer Dreierkonstellation aus einem Paar und einem besten Freund oder einer besten Freundin plötzlich die Kompassnadel dreht und Amor verrücktspielt. Was tun?

Zuerst mal: Die Partner von Freunden sind tabu. Man flirtet und baggert die Frau des besten Freundes nicht an. Und genauso sendet frau keine Signale in Richtung des Partners ihrer Freundin. Punkt. Und doch kommt es immer wieder vor, dass ein nahestehender Dritter eine Zweisamkeit zersprengt. In allen Kreisen und in allen denkbaren Situationen. Trotz guter Vorsätze und strenger Prinzipien. Auch wenn man sich noch so starre Regeln für Freundschaften gegeben hat: Wenn Amor zuschlägt, schlägt er zu. Und dann ist es eine Riesenkatastrophe – meist für alle drei Beteiligten. Doch können wir vernunftbegabten Menschen so etwas nicht mit unserem Verstand verhindern? Leider meistens nicht. Denn wir begründen Entscheidungen zwar gern rational, aber wir treffen sie emotional. Das heißt: In dem Moment, in dem das Herz losgaloppiert, wird es schwierig, klar zu denken. Vor allem, wenn es nicht, wie im Beispiel oben, ein einmaliges Geflirte ist, das man mit einem Lustkiller-Talk aus der Welt schaffen kann, sondern wenn zwei Menschen sich unwiderstehlich und über längere Zeit zueinander hingezogen fühlen. Wenn das passiert, ist die einzige Lösung: Klarheit. Wenn du also in einer Partnerschaft bist und dich ausgerechnet in den Menschen verliebst, der deinem Partner beziehungsweise deiner Partnerin bisher in treuer Freundschaft verbunden war: Triff eine klare Entscheidung für einen der beiden Menschen und suche das Gespräch. Gestehe deine Entscheidung ein und ertrage die Reaktion des »Verlierers«. Du wirst Beschimpfungen und Hass ernten, aber zur Offenheit und Klarheit gibt es keine Alternative. Ein Neuanfang ist das Einzige, was wirklich hilft. Aber die Schmerzen und die Wunden sind unvermeidlich. Da müssen alle durch – und es bringt wenig, sich lange mit der Frage nach der Schuld aufzuhalten. Trauere ausgiebig – und dann schau nach vorn und lass die Katastrophe hinter dir.

Schlechter Schlaf – mieser Morgen

So vermeidest du abendliches Grübeln und morgendliches Muffeln

Schlechter Nachtschlaf ist eine der häufigsten gesundheitlichen Belastungen überhaupt – und dazu noch die Ursache für eine ganze Reihe anderer körperlicher und psychischer Erkrankungen. Sehr viele Menschen kommen abends schwer in den Schlaf – und wachen morgens gerädert und schlecht gelaunt auf. Die möglichen Ursachen sind so vielfältig, dass sie hier unmöglich alle behandelt werden können. Aber ein paar Tricks und Hacks gibt es doch. Und, siehe oben: Es lohnt sich, das Thema anzugehen. Gut gelauntes Einschlafen und Aufwachen strahlt positiv auf den ganzen nächsten Tag ab. Du kannst dein Leben also zum Positiven verändern.

Beginnen wir mit dem Abend. Vielleicht kennst du auch das frustrierende Gefühl: Du gehst todmüde ins Bett – und sobald das Licht aus ist, beginnt das Gedankenkarussell sich zu drehen. Du grübelst über familiäre Probleme, über den nervigen Konflikt in der Firma und über deine Beziehung. Dass dein Partner dabei neben dir liegt und binnen zwei Sekunden eingeschlafen ist, obwohl ihr gerade eben noch über ein kompliziertes Problem geredet habt, macht den Frust eher noch größer. Du rekapitulierst den vergangenen Tag und planst den folgenden. Und sei ehrlich: Oft heißt das, du fixierst dich darauf, was heute schiefgelaufen ist und was morgen alles schiefgehen kann. Je länger das Gegrübele dauert, desto fruchtloser wird es. Selbst kleine Probleme wachsen im Dunkeln auf Monstergröße.

Wie kannst du dieses ungesunde Grübeln und die Fixierung auf das Negative durchbrechen? Kleiner Tipp: Vieles hat mit der Stunde vor dem Zubettgehen zu tun.

Psychohack: Der vierfache Block

Guten Schlaf musst du verteidigen – wie eine Volleyballmannschaft ihr Feld verteidigt, indem sie ihren Block stärkt.

Block Nr. 1 ist der **Nachrichtenblocker.** Spätestens eine Stunde vor dem Schlafengehen sollten Nachrichtensendungen, aber auch aufwühlende Thriller und Krimis tabu sein. Sie rauben dir den Schlaf. Über 90 Prozent aller Informationen in den Nachrichten sind negativ – und damit solltest du kurz vorm Einschlafen nicht dein Unterbewusstsein füttern. Schau stattdessen Comedy. Oder lies etwas Witziges.

Block Nr. 2 findet draußen statt: der **Abendspaziergang.** Die Schlafforschung weiß, dass körperliche Aktivität die Grübelenergie reduziert. Gerade bei Schreibtischmenschen arbeitet der Kopf abends weiter. Dafür braucht er Energie – und die musst du ihm wegnehmen. Deshalb geh abends eine Runde joggen oder Rad fahren oder einmal zügig um den Block, damit wohlige Erschöpfung eintritt.

Block 3: die **Kneifzange.** Wenn du dich dabei ertappst, dass du dich in Grübeleien verlierst und nicht mehr herausfindest, blocke diesen Sog durch ein äußerliches Stoppzeichen. Kneif dich so, dass es wehtut, in den Arm und sag dir dabei: »Sofort Schluss mit den negativen Grübeleien!« Und wenn du magst, sag dir dazu den Zaubersatz, der garantiert für schöne Träume sorgt: »Es gibt immer eine Lösung!« Wie du diese Methode auch tagsüber nutzt, erläutere ich dir zusammen mit anderen Psychohacks im Kapitel »Schaff ich doch sowieso nicht«.

Block Nr. 4 muss auf dem Nachttisch liegen: der Notizblock. Wenn auch die Kneifzange nicht hilft, musst du wohl oder übel das Licht wieder anmachen für eine **Schreibtherapie.** Die pragmatische Variante: Mach aus den Dingen, die dich beschäftigen, eine To-do-Liste für den nächsten Tag. Die poetische Möglichkeit: Mach Literatur daraus. Aus Gedankenlabyrinthen sind schon öfter große Werke entstanden.

Psychohack: Die Zehn-Finger-Technik

Dieser Hack kann verhindern, dass du überhaupt in die Grübelschleife hineingerätst. Damit das gelingt, konzentrierst du dich abends im Bett vor dem Einschlafen auf deine zehn Finger und überlegst dir für jeden einzelnen Finger etwas, das dir an diesem Tag gut gelungen ist und/oder wofür du dankbar bist: das Lob deiner Chefin für deine Präsentation. Das schöne Gespräch mit der Kollegin in der Mittagspause. Der überraschende Anruf deines Bruders. Das raffinierte Nudelgericht, das dein Partner dir heute Abend serviert hat. Das fröhliche Lachen deiner Tochter beim abendlichen Vorlesen. Deine gute Laune, als du auf dem Weg zur Arbeit diesen tollen Song im Ohr hattest. Die aufgeblühte Blume auf dem Balkon. Die ersten wärmenden Sonnenstrahlen des Frühlings am Nachmittag. Und so weiter und so weiter.

Die Konzentration auf das Positive senkt nachweislich die Menge der Stresshormone im Körper, was dich ruhiger und zufriedener werden lässt. Und häufig wirst du bei dieser Übung erleben, dass du schon beim siebten Finger selig lächelnd einschläfst. Und wer abends mit einem Lächeln einschläft, steht morgens auch mit einem Lächeln auf.

Damit wären wir beim zweiten Thema: der schlechten Stimmung am Morgen. Woher kommt sie und wie kriegst du sie weg? Ich bin bekanntlich kein Hellseher, sondern nur Psychologe. Die Gründe für deine miese Stimmung am Morgen können vielfältig sein. Hier mal ein paar Fragen zur Inspiration: Freust du dich eigentlich noch über den Anblick des Menschen neben dir? Macht dir dein Job noch Spaß? Ist dein Schlafzimmer eine Rumpelkammer? Taugt die Matratze noch was? All das kannst nur du beantworten. Aber wenn du morgens einfach so, ohne konkreten Grund, mies drauf bist, dann kann ich dir etwas raten. Damit der Tag nicht bereits gelaufen ist, bevor er begonnen hat.

Psychohack: Sei dein Emotions-DJ

Meine Kollegin Marion Bender, die querschnittsgelähmt ist und im Rollstuhl sitzt, hat mir diesen Hack beigebracht. Statt sich beim Aufstehen von der schlechten Laune und den Schmerzen übermannen zu lassen, stellt sie sich, während sie noch mit geschlossenen Augen im Bett liegt, ein Mischpult mit mehreren Lautstärkereglern vor. An den Reglern stehen Begriffe wie zum Beispiel »Freude«, »Dankbarkeit« oder »Optimismus«. In ihrer Vorstellung betrachtet sie dann diese Regler und fragt sich, wie viel Dankbarkeit beziehungsweise Zuversicht sie in diesem Moment empfindet. Wenn das gerade zu wenig ist, dreht sie den Regler einfach ein bisschen höher. Denn sie hat die Haltung: »Über meine Gefühle entscheide ich selbst!« Sie sucht so lange in sich nach Gründen, um positivere Emotionen zu entwickeln, bis sich langsam ein Lächeln auf ihren Lippen abzeichnet. Zu mir sagte sie über diesen Hack: »Anfangs ist das komisch und ein bisschen schwierig, aber wenn man es morgens ein paarmal gemacht hat, ist man kein Opfer seiner schlechten Laune mehr, sondern der DJ seines eigenen Glücks!«

Bloß keinen Ärger machen?

Wie man die Scheu vor Konflikten überwindet

Das Leben ist zum Glück wohlgeordnet: Auf der einen Seite gibt es die beiden Dinge, die uns im Leben am meisten voranbringen. Und auf der anderen Seite stehen die beiden Dinge, die wir um jeden Preis vermeiden wollen. Das eine sind Krisen und Konflikte. Das andere sind ... Konflikte und Krisen. Also leider doch nicht alles so einfach.

Wenn du zu den Menschen gehörst, die sich unwohl fühlen, wenn es Streit gibt: keine Sorge! Das ist erst mal ganz normal. Das Leben ist schließlich stressig genug, und die Momente der Harmonie sind kostbar. Wir alle kennen die Typen, die sich wie ein Stier in jedes Gespräch stürzen und selbst da einen Grund zum Streiten finden, wo gar keiner ist. Das nervt und ist anstrengend. Wie sehr wir solche Menschen aber tatsächlich brauchen, merken wir erst, wenn jemand dem autoritären Chef oder der mobbenden Abteilungsleiterin dringend mal widersprechen muss, um ein Stoppzeichen zu setzen. Und niemand den Mut dazu findet – außer der streitlustigen Kollegin, die uns schon so oft auf die Nerven ging. Dann merken wir, dass das Gesetz der guten alten Dampflokomotive sich aufs ganze Leben übertragen lässt: Bewegen tut sich nur was, wenn es ruckelt. Und vorwärtskommen kann man nur, wenn es laut wird. Wenn es zischt und qualmt und raucht. Zu viel Harmonie verhindert oftmals Heilung.

Ein Bekannter hat mir kürzlich Folgendes erzählt. »Zu meinen ältesten Freunden gehören Jutta und Jens. Als wir uns vor über dreißig Jahren um ihre Hochzeit herum kennenlernten, umfasste unser Freundeskreis viele Paare. Und natürlich tratschte man untereinander über die anderen. Jutta und Jens bekamen von allen die schlechteste Prognose: ›So viel, wie die sich streiten, bleiben die nicht lange zusammen.‹ Heute weiß ich: Sie sind genau deshalb bis heute zusammen, *weil* sie Meinungsverschiedenheiten hatten und die meistens direkt – und manchmal ohne große Rücksicht auf die Anwesenden – ausgetragen haben. Und die Pointe der Geschichte: Von den vielen Paaren von damals sind sie das einzige, das noch zusammen ist. Alle anderen haben sich inzwischen getrennt. Als Erstes übrigens die, die am stolzesten auf die permanente Harmonie in ihrer Beziehung waren. Verrückt, oder?«

Streit und Konflikt sind nichts Schlimmes. Dass sich zwischen Menschen Spannungen aufbauen, ist völlig normal. Und diese Spannungen müssen abgebaut werden. Dann knallt es eben mal. Ich stelle mir gerade vor, ein irrer Diktator würde versuchen, Gewitter zu verbieten, weil sie die Harmonie stören. Die permanente elektrische Spannung in der Atmosphäre wäre unerträglich und ebenso die drückende Schwüle. Zum Glück entlädt sich das alles regelmäßig mit großem Getöse – und danach ist die Luft wunderbar klar und erfrischend. So ist es auch zwischen Menschen.

Doch nicht jeder hat das Temperament, um sich fröhlich und unbekümmert in jede Auseinandersetzung zu stürzen, sich wegen jeder Kleinigkeit zu beschweren und dauernd mit streitlustig hochgekrempelten Ärmeln durch die Welt zu laufen. Viele haben in der Familie nie lernen können, offen und ehrlich zu streiten. Sie haben den Unterschied zwischen unterschiedlichen Standpunkten und dem Heruntermachen von Personen nie kennengelernt. Und sie leiden geradezu körperlich, wenn sie ein Problem ansprechen sollen. Aber da wir als Menschen nur in Krisen und Konflikten wachsen, ist das Streben nach ewiger Harmonie leider gleichbedeutend mit dem Vermeiden von Wachstum. Und Konfliktscheu ist ebenso problematisch wie ihr Gegenteil, die konfrontative Aggressivität um jeden Preis.

Spätestens, wenn deine Freunde sauer auf dich sind, weil du schon wieder im letzten Moment doch unbedingt in die Berge möchtest, obwohl du längst für den Ausflug ans Meer gestimmt hattest, solltest du dir selbst sagen: Ich will kein konfliktscheues Reh mehr sein. Ich will wahrnehmen, wenn ich anderer Meinung bin oder andere Interessen und Bedürfnisse habe. Ich habe meine Gründe und kann dazu stehen. Ich will mich nicht mehr überrumpeln lassen und erst mal zu allem Ja und Amen sagen, bevor ich dann viel zu spät zurückrudere und alle gegen mich aufbringe.

Aber wie stellt man das an, wenn echter Streit einen in Panik versetzt und man am liebsten weglaufen oder sich verstecken möchte oder wenn sich abzeichnet, dass gleich zwei Alphatiere aufeinanderknallen? Wie reagiert man auf eine Frage, wenn man sich zu sehr fürchtet, mit einem schroffen »Nein, ich will nicht« zu antworten? So sehr, dass man sich, automatisch, wie aus der Pistole geschossen, mal wieder sagen hört: »Ja, kein Problem« – wofür man sich nur Sekunden später ohrfeigen möchte?

Dazu habe ich gleich zwei Ratschläge.

Psychohack: Die Schleife

Bisher war es so: Wenn dich jemand gefragt hat: »Bist du dabei?« oder »Bist du einverstanden?«, dann hast du »Ja« gesagt oder genickt, bevor die Frage so richtig zu Ende gestellt war. Genauer gesagt hat dein innerer Autopilot für dich geantwortet – und danach hast du dich oft über ihn geärgert. Er war eben darauf programmiert, dass du niemals »Nein« sagen wolltest. Und deshalb programmierst du deinen Autopiloten jetzt um. Das geht so: Du nimmst dir ein kleines Kärtchen und einen Stift. Jetzt wählst du deine persönliche »Verzögerungsantwort« aus, mit der du in solchen Situationen von nun an Zeit gewinnen wirst. Zum Beispiel: »Wie ist das genau gemeint?« oder »Kannst du das genauer erklären?« oder »Kann ich das in fünf Minuten beantworten?«. Schreib deinen Schleifensatz auf das Kärtchen. Du wirst es jetzt immer bei dir haben. Hol es raus und sprich dir den Satz laut oder stumm vor, so oft es geht – im Bus, an der Kasse, beim Spazierengehen, wenn du ins Bett gehst ... Bis du ihn im Schlaf rausballern kannst. Und vor allem natürlich: Feuere den Satz ab, wann immer jemand eine Antwort von dir will. Sofort und automatisch. Dein Flieger steuert die Landebahn von nun an nicht mehr direkt an – sondern du fliegst eine Warteschleife über dem Flughafen. Dein Autopilot macht das. Ganz von selbst. Der kann so was.

Was ist der Trick? Es geht darum, einen Abstand zu schaffen zwischen dem stressigen Reiz und deiner Reaktion. Der stressige Reiz ist die Frage: »Bist du einverstanden?« Und die Reaktion ist die von dir erwartete Antwort: »Ja« oder »Nein«. Mit der »Schleife« gewinnst du Zeit, dir in aller Ruhe zu überlegen, was du eigentlich willst. Das sprichst du dann aus. Und manchmal wird es dein neues Zauberwort sein: »Nein«. Dank des Autopiloten und seiner Schleife!

Das Neinsagen wird dich anfangs viel Überwindung kosten. Du wirst dir einreden, du würdest deine besten Freunde verlieren. Oder bei der Arbeit von niemandem mehr gemocht werden. Oder Menschen tief enttäuschen. Diese Ängste wirst du erst nach und nach loswerden – je häufiger du die Erfahrung machst, dass ein »Nein« dich keineswegs außerhalb der Gemeinschaft stellt. Für den schwierigen Anfang hier ein weiterer Hack:

Psychohack: Der Kellnertrick

Such dir ein Restaurant oder ein Café, wo dich niemand kennt. Bestell dir etwas zu trinken – sagen wir: eine Apfelschorle. Trink sie gemütlich aus und bleib sitzen. Lies in einem Buch, check deine Mails – was du willst. Warte einfach ruhig ab. Irgendwann wird der Kellner kommen und dich fragen, ob du noch ein Getränk möchtest. Und dann sagst du automatisch: »Nein danke.« Einfach nur das. Nicht »Ich möchte zahlen« oder so was. Einfach nur freundlich: »Nein danke.« Das sagst du auch, wenn du eigentlich noch Lust hast auf ein Getränk. Du bist ja zum Üben hier. Und jetzt überlegst du dir in aller Ruhe, ob du vielleicht doch noch etwas trinken möchtest. Dann winkst du den Kellner heran und sagst freundlich: »Ich würde doch noch eine Apfelschorle nehmen.« Er wird sie dir freudig bringen. Er wird dir nicht böse sein wegen deines »Nein danke«, sondern dankbar für die Bestellung. Dein »Nein« hatte keinerlei negative Folgen. Irgendwann probierst du dasselbe dann in einem Lokal, wo man dich kennt. Und zu Hause bei Freunden. Einfach erst mal »Nein danke«. Und dann in Ruhe überlegen. Nach und nach wirst du feststellen: Was du als maximal unhöfliche Geste empfindest, nämlich dein eigenes »Nein«, finden die meisten Menschen ganz normal. Weil die das auch dauernd sagen. »Nein danke« oder »Nein, ich will nicht« ist eine genauso normale Antwort wie »Ja, gern«.

Reingefunkt

Wenn Expartner nicht von der Bühne gehen wollen

Wie alle seine Vorgänger stieß auch der Superbowl von 2022 in Europa sportlich gesehen nur auf mäßiges Interesse. Was die sozialen Medien und die Klatschpresse viel stärker beschäftigte, waren einerseits die Promis in den VIP-Lounges und andererseits die spektakulären Werbespots, die aus diesem Anlass für viele Millionen von Dollar produziert und ausgestrahlt wurden. Im meistbeachteten Spot von 2022 war Mila Kunis, die aktuelle Frau von Ashton Kutcher, gemeinsam mit seiner Exfrau Demi Moore zu sehen. Die Pointe der Commercial-Story war, dass beide von einer Jury gleichermaßen verschmäht werden und am Ende feststellen: »Wir haben offenbar mehr gemeinsam, als wir dachten.« Diese Ansage offenbarte eine schöne Portion Selbstironie, war aber sicherlich das Ergebnis ausgiebiger anwaltlicher Verhandlungen und logischerweise einer (vermutlich sehr lukrativen) Inszenierung. Dennoch war der Spot ein schöner Anlass, um über eine Frage nachzudenken, die in vielen Beziehungen herumwabert und manchmal für reichlich Unruhe sorgt: Wie geht man um mit der oder dem Ex, wenn man in einer neuen Beziehung ist?

Zunächst einmal ist jede mögliche Bedrohung der Zweisamkeit ein guter Gradmesser für den Zustand der Partnerschaft. Denn es gilt: Wenn das Innen gesund ist, ist jedes Außen egal. Wenn also die Beziehung gut und stabil ist und das Selbstwertgefühl der einzelnen Partner ebenfalls, dann ist eine solche Freundschaftskonstellation mit dem oder der Ex für niemanden eine Bedrohung. Die Paartherapeutin Eva-Maria Zurhorst bringt es so auf den Punkt: »Liebe dich selbst und es ist egal, wen du heiratest.« Die Ehe, die Partnerschaft ist die beste Chance zur Persönlichkeitsentwicklung, da du immer wieder einen Spiegel vorgehalten bekommst: Wo sind meine Grenzen und wo sind meine Möglichkeiten? Das ist bei jedem Menschen anders. Und wenn die Beziehung eher wacklig und man nicht in seiner emotionalen Mitte ist (was für sehr viele Menschen gilt, vor allem in hektischen und herausfordernden Zeiten wie unseren), dann kann jeder Impuls von außen für massiven Stunk sorgen. Es ist also gerade dann gut, sich nicht noch zusätzlichen Stress von außen reinzuholen.

Wenn aber die Ex nun einmal auftaucht, geht es darum, einen guten Umgang zu finden.

Es gibt zwei verschiedene Konstellationen – und beide sind geeignet, Unruhe in die Beziehung zu bringen. Weil es sich immer um ein Dreieck und damit um ein potenzielles Drama handelt.

Setting Nummer 1: Einer der Partner pflegt von sich aus den Kontakt zum oder zur Ex weiter – nach dem vielgehassten Motto »Wir können doch Freunde bleiben«. Das stößt beim Partner oder der Partnerin nicht selten auf Unverständnis und Ablehnung. Misstrauen richtet sich nämlich nicht nur gegen die unbekannte Bedrohung durch Kollegen, Praktikantinnen und so weiter. Auch die Vertrautheit zwischen Expartnern kann Verunsicherung und Eifersucht auslösen. Und darauf zu vertrauen, dass von der früheren Anziehung zwischen den beiden wirklich gar nichts mehr übrig ist, sodass während der nostalgischen Wandertour durch die Alpen nichts mehr aufflammt, ist nicht so einfach. Als zu Hause bleibender, am

Wandern nicht interessierter Neupartner steckt man eben einfach nicht drin. Das schafft fast zwangsläufig Unruhe.

Setting Nummer 2 ist die Kunis-Moore-Konstellation: Die Exfrau des Mannes sucht den Kontakt zu seiner Neuen. Normalerweise ist es nicht unbedingt die beste Idee, sich darauf einzulassen – man kann schließlich auch andere Freunde finden. Und wenn die Ex bei der neuen Partnerin andocken will, geht es in den seltensten Fällen um eine unschuldige Frauenfreundschaft, sondern meistens um den (Ex-)Partner. Es sind möglicherweise noch Gefühle im Spiel. Wie aber wehre ich eine solche Freundschaftsattacke ab, ohne unfreundlich zu werden?

Psychohack: Die Eiskönigin

Gute Erziehung hin oder her: Nichts und niemand verpflichtet dich, aus Höflichkeit jemanden in dein Leben zu lassen, den du dort nicht haben willst. Also: Sei unfreundlich. Selbst wenn die Ex ganz lautere Absichten haben sollte. Wenn dir dein Bauchgefühl sagt, dass du noch nicht so weit bist und dich das stressen und überfordern könnte, dann wehre es ab. Zeig der Frau die kalte Schulter. Signalisiere ihr klar, dass du keinen Wert auf eine Freundschaft mit ihr legst. Sei abweisend und kühl, wenn sie auftaucht. Es kann dir egal sein, wenn sie dich für eine eifersüchtige Zicke hält. Du willst ja nichts von ihr – außer dass sie mit ihren Spielchen aufhört und verschwindet.

Und was macht man, wenn man selbst Wert legt auf die Freundschaft mit dem oder der eigenen Ex? Das kommt – mal wieder – drauf an: Wenn beide Expartner gereifte Persönlichkeiten sind und die vergangene Beziehung wirklich aufgearbeitet ist, wenn es also keine »hidden agenda« mit unausgesprochenen Sehnsüchten gibt, dann kann das klappen. Aber auf die meisten trifft das nicht zu, und dann ist es gefährlich und schafft Stress. Wenn man noch unglücklich ist wegen der Trennung und der Ex noch hinterhertrauert, obwohl man schon in einer neuen Beziehung ist, dann sollte man Abstand halten. Man fällt sonst leicht in tiefe emotionale Löcher. Distanz schafft Heilung. Und auch das umgekehrte Motiv ist keine gute Basis: Wenn ich den Gedanken genieße, dass die Ex mir nachtrauert und überlegt, ob es wirklich eine gute Idee war, sich zu trennen, sind wir ebenfalls noch nicht reif für eine echte Nach-Beziehungs-Freundschaft.

Aber auch ohne diese Fallen sollte man sich sagen: Wenn meiner neuen Partnerin unwohl ist bei meiner Freundschaft mit meiner Ex, dann sollte das Grund genug sein, hier vom Gas zu gehen. Aus Respekt und als Liebesbeweis.

Psychohack: Die Drei-Kalender-Technik

Natürlich ist es nicht leicht, den Kontakt zu einem Menschen für immer zu beenden oder massiv herunterzufahren, mit dem man eventuell viele Jahre lang eng verbunden war und der einen kennt wie wenige andere. Aber um Zeit ins Land gehen zu lassen und herauszufinden, ob es beiden wirklich nur um die Freundschaft geht, ohne Hintergedanken, kann man sich eine Abstandsfrist von drei Jahren vornehmen. In dieser Zeit sollte man sich zumindest nicht treffen und auch keinen intensiven regelmäßigen Austausch pflegen – zum Beispiel über intime Themen wie die neue Beziehung. Wenn man nach drei Jahren merkt, dass man tatsächlich an der Person interessiert ist – ungefähr so, wie man den Kontakt zu manchen Schulfreunden hält oder wieder aufnimmt –, dann kann man ja ausprobieren, wie es sich anfühlt. Eine echte Verbindung zwischen zwei Menschen hält eine solche Sendepause von drei Jahren jedenfalls mühelos aus. Wichtig ist, dass die alten Beziehungsthemen, die Umstände der Trennung und mögliche Verletzungen keinerlei Rolle mehr spielen. Und zwar für beide.

»Malen am Strand? Geht's noch?«

Weiterbildung – aber wie?

Ein Mann erzählte mir bei einer Party einmal völlig empört: »Stellen Sie sich vor – meine Chefin verlangt, dass ich mich weiterbilde. Schön und gut. Aber in der Broschüre der Weiterbildungsakademie, die sie mir gegeben hat, standen nur völlig abwegige Sachen: Handarbeitskurse! Yoga! Achtsamkeits-Retreats! Was denkt die Frau sich?! Ich bin schließlich Controller! Was soll ich mit Meditation? Sie muss doch ein Interesse haben, dass ich in meine Stärken investiere!«

Tja, was sollte ich dem Mann antworten? Ich sagte so diplomatisch wie möglich: »Unterschätzen Sie die Idee Ihrer Chefin nicht.«

Was also ist der richtige Ansatz beim Thema Weiterbildung? Betriebswirtschaftlich denkende Pädagogen vertreten gern die Devise »Stärken stärken«. Aber das ist meiner Meinung nach Unsinn. Wenn man nur die Stärken stärkt (zum Beispiel die Analyse von Geschäftszahlen), züchtet man einseitig begabte Fachidioten heran. Das sind Menschen, für die der Satz erfunden wurde: »Wenn das einzige Werkzeug, das du kennst, ein Hammer ist, dann sieht alles aus wie ein Nagel.« Und oft genug werden genau diese Fachidioten dann leider irgendwann zu Vorgesetzten – die zwar mit Zahlen umgehen können, leider aber nicht mit Menschen. Was sie aber nicht mal merken, weil sie mit Scheuklappen durchs Leben laufen.

Psychohack: Bieg links ab, wo du sonst immer nach rechts gehst

Weiterbildung sollte immer eine Horizonterweiterung zum Ziel haben und nicht das bestätigen, was du sowieso schon gut beherrschst. Deshalb: Mach pro Jahr mindestens eine Fortbildung zu einem Thema, das thematisch nicht zu deinem Kernkompetenzbereich gehört, sondern eher einen Schwachpunkt oder etwas ganz Neues behandelt.

Du hast keinen grünen Daumen? Dann mach einen Kurs in Pflanzenpflege. Du kannst nichts kochen außer Spiegelei? Dann lerne die Basics der gesunden Essenszubereitung. Du bist oft verspannt? Dann lass dich mal auf Yoga ein. Du bist gut in Wirtschaftsenglisch? Mach einen Spanisch-Konversationskurs. Dein analytisch arbeitendes Gehirn schaltet niemals ab? Du brauchst ein Meditations-Retreat.

Weiterbildungsstudien zeigen, dass man am meisten über sein Fachgebiet lernt, wenn man keine Fachseminare dazu besucht, sondern nach einer ganz anderen Erfahrung mit neuer Perspektive draufschaut. Die meisten vermeiden das aber, weil sie sich dann unsicher und labil fühlen und Ungewissheit und Zweifel nicht ertragen können. Sie bleiben lieber auf ihrem angestammten Gebiet – und beurteilen alles nur von dort aus. Das ist die Sache mit dem Hammer und dem Nagel. Aber Zweifel ist die Grundlage jeder Erkenntnis – und man kann nur zweifeln, wenn man Unbekanntes und Neues in sein Leben holt. Auch wenn es anfangs Unruhe ins Team bringt und anstrengend ist: Genau dieser Zweifel und der Perspektivwechsel machen dich und dein Team am Ende produktiver. Und vor allem bereichern sie dich als Menschen.

Keine Macht dem Sofa!

Gute Vorsätze – gute Umsetzung

Der Klassiker ist bekanntlich der Neujahrsmorgen: Seit dem 1. Advent wurde die Waage ignoriert, und für Sport war das Wetter einfach zu schlecht – aber jetzt kommt die Stunde der Wahrheit. Und nach dem Schock folgt der gute Vorsatz: Ab heute tu ich was für meine Fitness. Und ernähre mich gesünder. Und trinke weniger Alkohol. Und gebe das Rauchen auf. Und gehe früher schlafen. Dieser Riesenberg an Plänen, die man alle gleichzeitig angehen will, ist natürlich schon der erste Fehler. Eine der Veränderungen ist schon herausfordernd genug – deshalb solltest du immer schön ein Vorhaben nach dem anderen umsetzen.

Andere Anlässe für große Vorsätze sind zum Beispiel der Arztbesuch mit dem sehr ernsten Gespräch. Oder die Erfahrung, dass der kaputte Fahrstuhl in der Firma dir echt Probleme bereitet – dein Büro liegt im dritten Stock. Oder die Prüfung, bei der du durchgefallen bist, weil dir einfach die Disziplin zum Lernen gefehlt hat. Aber du kennst es wie wir alle: Die Bequemlichkeit, die alten Gewohnheiten und die Versuchungen sind unglaublich stark und zäh. Zu schnell holt dich der Dreiklang des Versagens ein: ausfallen lassen, schleifen lassen, sein lassen! Und so werden die ganzen schönen Vorsätze meist spätestens im Februar still und leise in die »Nächstes Jahr aber wirklich«-Schublade gepackt, in der auch die anderen schon liegen. Glücklich macht der Blick in diese Schublade dich weiß Gott nicht – aber was sollst du machen?

Der Grund für das Scheitern so vieler guter Vorsätze ist klar: Hohe Selbstmotivation ist etwas sehr Seltenes. Aber die braucht man, um die Widerstände zu überwinden. Hermann Scherer hat es mal so formuliert: »Glück ist eine Überwindungsprämie.« In diesem klugen Satz liegt übrigens auch ein großes Versprechen: Es lohnt sich, wenn du dich anstrengst und dich überwindest, weil genau das dir Glücksgefühle verschaffen wird. Oder umgekehrt gesagt: Wenn du dem Vermeiden von Frust und Schmerz und der Bequemlichkeit Vorrang gibst, minimierst du auch deine Glückserlebnisse.

Wie also kannst du dich besser aufraffen? Und wie bleibst du am Ball, auch wenn der innere Schweinehund nur so tobt und kläfft? Die Antwort heißt: You'll never walk alone.

Psychohack: Die Musketier-Mission

Dass du den inneren Schweinehund nicht in seine Grenzen verweisen kannst, ist nicht dein individuelles Versagen. Wir wissen aus der psychologischen Forschung, dass die Disziplin des einzelnen Menschen sehr häufig einfach nicht ausreicht, um große Widerstände zu überwinden. Etwas Großes und Schwieriges ganz allein zu versuchen ist so, als wolle man mit einem Dreirad an der Tour de France teilnehmen. Das kann nicht klappen. Und nicht umsonst ist der Mensch ein soziales Wesen. Was uns – positiv und negativ – von den Tieren unterscheidet, haben wir durch Kooperation erreicht und nicht als Einzelgänger. Deshalb mein Tipp, frei nach dem Motto »Niemand siegt allein!«: Such dir mindestens zwei Verbündete, mit denen du das Ziel gemeinsam erreichen willst – egal ob es das Training für den Halbmarathon, die Lerngruppe fürs Examen, das Erlernen eines Instruments oder der »Salat statt Schnitzel«-Vorsatz in der Kantine ist.

Wenn ihr (mindestens) drei »Musketiere« seid, habt ihr folgende Vorteile:

1. **Ihr alle habt voreinander verkündet, was das Ziel ist. Das bindet.** Denn so ist es viel schwerer, den Plan still und heimlich wieder zu beerdigen. Du willst dich ja nicht blamieren vor den anderen.

2. **Schummeln, ausfallen lassen, abkürzen geht nicht.** Ihr habt alle die Kontrolle über das Einhalten der Vorsätze – und könnt gemeinsam feiern, was ihr schon geschafft habt.

3. **Man erreicht Ziele besser, wenn man Verbündete hat** – fürs Anfeuern und für die praktische Unterstützung bei der Umsetzung. Ihr könnt euch gegenseitig motivieren, wenn die Willenskraft bei einer oder einem mal schwächelt. Die abendliche Message »Morgen früh Laufen klappt?«, der aufmunternde Zuspruch gegen das »Ich fühl mich heute nicht so«, die Vorfreude auf das gemeinsame Erlebnis – all das schaffen Musketiere füreinander. Wer Verbündete hat, die dasselbe Ziel verfolgen, bleibt nachweislich länger am Ball. Eigentlich erstaunlich, dass diese bewährte Methode immer noch viel zu selten genutzt wird.

Psychohack: Party-Power

Ob Frühjahrsputz, Kellerentrümpelung oder Tapezieren – es gibt immer Dinge, die wir ewig vor uns herschieben. Allein können wir uns einfach nicht aufraffen, sie anzugehen. Anders ist es, wenn du ein geselliges Event mit den besten Freunden daraus machst. Bei einer gemeinsamen Renovier-, Aufräum- oder Putzparty stellt ihr euch in fröhlicher Runde der Aufgabe. Mit lauter Musik, leckeren Drinks und guter Laune gehen viele Herausforderungen deutlich leichter von der Hand. Klingt vielleicht komisch, funktioniert aber ausgezeichnet. Und alle Helfer wissen: Wenn sie selbst vor einer solchen Aufgabe stehen, wird die Partytruppe solidarisch auch bei ihnen auflaufen.

Psychohack: Kino im Kopf

Ein psychologischer Trick zur Steigerung der Motivation ist die Visualisierung. Mach dir deine Ziele und die Belohnung sichtbar. Das kann ganz real geschehen – zum Beispiel durch ein Foto deines sommerlichen Urlaubsziels, für das du an der Bikinifigur arbeitest oder Geld sparst. Aber es geht auch durch reine Imagination – wie beim Mentaltraining von Profisportlern. Die schaffen es, sich ihre Wettkämpfe und ihre Siege als Film in den Kopf zu holen. Das kannst du auch – und es bringt nachweislich etwas. Wer sich in Tagträumen regelmäßig sein Ziel vorstellt und in den schönsten Farben ausmalt, bleibt länger motiviert und geht deutlich besser mit Rückschlägen um. Also stell dir morgens und abends deine Ziele so intensiv vor, als wärst du selbst Teil eines Kinofilms.

Psychohack: Realismus

Nicht alles im Leben macht immer und ausschließlich Spaß. Und nicht alles klappt. Also probiere Dinge aus und lass Schmerzen und Frust ganz bewusst zu. Je ehrlicher du dir klarmachst, dass dein Plan auch Schattenseiten hat, dass er Verzicht bedeutet und dass es Rückschläge geben wird, desto weniger können dich solche negativen Begleiterscheinungen aus den Socken hauen, wenn sie eintreten.

Familiäre Grenzverletzung

Wenn Verwandte des Partners übergriffig werden

Familie ist was Schönes. Aber Abstand auch. Und Familienmitglieder, die man unfreiwillig mitgeheiratet hat, können auch anstrengend sein. In dieser Zwickmühle steckte meine Bekannte Gaby, als ich sie neulich traf. Seit ihr Schwiegervater verwitwet ist, fühlt sich sein Sohn Michael als einziges Kind verpflichtet, den Vater nicht zu lange einsam vor sich hinbrüten zu lassen, sondern ihn regelmäßig ins Familienhaus zu holen. Gaby findet es prinzipiell wunderbar, dass Micha so viel Familiensinn hat. Und die Kinder freuen sich, wenn Opa da ist. Aber sie selbst fühlt sich in der Situation nicht wohl. »Mein Schwiegervater sucht noch nach seiner Rolle, wenn er bei uns ist«, erzählt sie. »Ist er Gast? Familienmitglied? Oder der Chef? Er mischt sich permanent überall ein. Er weiß alles besser. Er untergräbt meine Autorität bei den Kindern. Er räumt eigenmächtig das Wohnzimmer um und dreht heimlich die Backofentemperatur runter, während ich einen Kuchen drin habe. Dafür besteht er darauf, im Gästezimmer den ganzen Tag das Fenster auf Kipp zu haben, bei aufgedrehter Heizung. Stoßlüften sei Unsinn, da würde er frieren. Und beim Einkaufen nimmt er Sachen wieder aus dem Wagen, die ich reingelegt habe. Weil er eben besser weiß, was wir brauchen.« Und dann berichtet sie, dass sich ihr Mann bei all dem benimmt, als wäre er wieder dreizehn. Er scheint seinen Vater regelrecht zu fürchten. Um den Konflikten aus dem Weg zu gehen, ist er immer seltener zu Hause. Und Gaby bittet er, doch einfach nachzugeben und sich ein bisschen zurückzunehmen. Sie sei doch die Klügere. Und sein Vater sei doch in spätestens drei Wochen wieder weg. Doch für Gaby sind drei Wochen eine Ewigkeit und sie fühlt sich schon nach drei Tagen nicht mehr wohl in ihrem eigenen Zuhause.

Die hier geschilderte Herausforderung ist die Champions League der Familienpsychologie. Denn das Problem ist, dass sich Gaby, wie fast alle Menschen in einer ähnlichen Situation, wünscht, dass ihr Schwiegervater sich ändert. Aber das wird er nicht. Andere ändern zu wollen war schon immer aussichtslos. Vergebliche Liebesmüh. Veränderung ist möglich, aber nur im eigenen Spielfeld: Wer von solch einer Belastung betroffen ist, tut gut daran, seinen eigenen Blick zu wandeln.

Psychohack: Der Goldene Peter

Wenn du dich in einer ähnlichen Lage befindest wie Gaby, mache dir bewusst: Du bist die Überlegene. Deshalb empfehle ich dir, deinem Gegenüber nicht den Schwarzen, sondern den »Goldenen Peter« hinzulegen. Die Methode heißt: verstehen, ohne ändern zu wollen. Das ist ein Grundprinzip des erfolgreichen Umgangs mit den Nächsten. Statt wie so oft verändern zu wollen, ohne Verständnis zu suchen, solltest du dir lieber die Beweggründe seines Verhaltens anschauen.

Wenn Gaby versucht, zu verstehen, warum ihr Schwiegervater es braucht, sich als Chef aufzuspielen, ändert sich ihre innere Haltung und sie ist weniger frustriert. Sie hat es ja selbst gesagt: Seit seine Frau tot ist, sucht er seine Rolle. Er ist ein unsicherer alter Mann und kein Despot, dem sie ausgeliefert ist. Er klammert sich an seine Lebenserfahrung und sein vermeintliches Wissen. Umso sturer, je unsinniger es ist.

Wenn man versucht, den anderen innerhalb seiner eigenen Geschichte und seiner Herausforderungen zu sehen, fällt es viel leichter, seine Aktionen und Äußerungen entweder hinzunehmen und sogar mal zu loben – oder sie zu ignorieren und stillschweigend zu korrigieren. Das Wichtigste ist, dass du dich nicht in Diskussionen mit ihm verstrickst. Das bringt gar nichts und macht dich deshalb immer wütender, weil deine Position nicht anerkannt wird und du das auf dich als Menschen beziehst. Wenn du aber von deinem Gegenüber und seinen Bedürfnissen ausgehst, merkt er das vermutlich bald und versteift sich auch weniger aufs Einmischen und Rechthaben. Es ist natürlich Übungssache, aber allein dieser Ansatz, auf ihn zuzugehen, wird dazu führen, dass er sich wahrgenommen fühlt und sich auch eher anpasst.

Natürlich heißt das nicht, du sollst jeden Unsinn, den ein Verwandter deines Partners macht und sagt, einfach hinnehmen. Du hast alles Recht der Welt, ihm Grenzen zu setzen, weil es dein Leben und dein Zuhause ist. Aber du solltest nicht in der Situation selbst reagieren und nicht inhaltlich diskutieren. Sondern später, in einem ruhigeren Moment, so was sagen wie: »Ich schätze dich sehr und freue mich, wenn du uns ab und zu besuchst. Aber wir haben bei uns folgende Regeln.«

Wenn der Partner sich, auch nach einem ernsten Gespräch, weiterhin nicht von seinem Verwandten abgrenzt, ist es schwierig. Dann bleibt dir möglicherweise nur noch, die Situation zu verlassen, bevor sie eskaliert. Dann musst du vielleicht vor dem nächsten Besuch so was sagen wie: »Weißt du, für mich ist das so belastend – es ist für uns alle besser, wenn ich in dieser Zeit nicht da bin. Ich verstehe und respektiere, dass du deinen Vater/Bruder/Großonkel hier haben willst – aber wir vermeiden hässliche Konflikte wie bei den letzten Malen, wenn ich dann einfach für ein paar Tage mit den Kindern wegfahre.« Das ist nicht als Bestrafung gedacht, sondern als Deeskalation. Ich bin sicher, dass das für den Partner ein Weckruf wäre. Damit er sein Verhältnis zu seinem Verwandten verändert und vielleicht auch dessen Besuchszeiten reduziert. Er kann ihn ja schließlich auch besuchen, wenn er möchte.

Nackenschläge in Serie

Wie man mit Niederlagen umgeht

Im Winter 2021/22 bekam der kleine TSV Böbrach aus Niederbayern plötzlich bundesweite Aufmerksamkeit. Die Amateurkicker reihten Niederlage an Niederlage – und kassierten dabei eine Rekordzahl an Toren. Nach sechs Spielen waren es bereits fünfundneunzig Gegentreffer, zum Saisonende hatten sie sich auf zweihundertzwanzig summiert. Nicht einmal ein Unentschieden schaffte die nach einer Vereinskrise notdürftig zusammengestellte Truppe. Aber sie machten tapfer immer weiter.

Du kennst das vielleicht auch: eine Serie von Rückschlägen und das Gefühl, dass du machen kannst, was du willst – es wird auch beim nächsten Anlauf schiefgehen. Da kann man leicht verzagen und aufgeben. So wie es für Krisen keine Patentrezepte gibt, gibt es für diese Situation auch keine garantierte Lösung, aber immerhin zwei Tipps.

Psychohack: Sei vorbereitet

Eine Pechsträhne oder eine handfeste Krise kann dich weniger leicht erwischen und zu Boden drücken, wenn du dich praktisch und mental auf möglichst viele Wechselfälle des Lebens vorbereitest. Dabei solltest du ruhig antizyklisch vorgehen, also: dich kümmern, wenn es gerade gut läuft – und nicht erst dann, wenn die Krise eintritt und du nicht weißt, wo dir der Kopf steht. Das wirkt vielleicht paradox, ist aber sinnvoll. So wie man Notvorräte ja auch nicht in Zeiten des Mangels anlegt, sondern aus dem Überfluss heraus. Hier einige Beispiele: Eure Ehe läuft gerade so richtig gut? Wie wäre es mit einer Ehetherapie, um dies auch zu erhalten, also sich die eigenen Stärken bewusst zu machen und sich so für eventuelle Krisen zu wappnen? Du brauchst aktuell keinen neuen Job, es ist in der Zukunft aber nicht ausgeschlossen? Fang schon mal an, dich zu bewerben, obwohl du es gar nicht nötig hast. So probst du in entspannter Atmosphäre Vorstellungsgespräche, lernst dazu, erkennst deinen Marktwert und bist für den Ernstfall gewappnet. Dir geht es momentan gesundheitlich richtig gut? Kümmere dich darum, dass es so bleibt, oder steigere es noch, zum Beispiel durch Sport, eine bessere Ernährung und so weiter.

Allgemein gesagt: Reagiere nicht erst unter Druck und Stress, sondern bereite dich in den Momenten vor, in denen es *nicht* nötig ist.

Psychohack: Erwartungsbremse

Wir können vieles versuchen und wissen vieles – aber die Realität ist dann doch oft anders. Das Leben geht seine eigenen Wege und hält sich selten an unsere Erwartungen. Deshalb solltest du üben, mit Enttäuschungen klarzukommen – und vor allem vermeiden, dass du die Enttäuschungen selbst produzierst, weil du irreal große Erwartungen aufgebaut hast. Ich zucke regelmäßig zusammen, wenn ich höre, dass jemand (meist ist es eine Frau) sagt: »Im Juni heiraten wir. Die Hochzeit soll der schönste Tag meines Lebens werden!« Im Stillen denke ich dann: »Danach kommt also nichts mehr, das an diesen Tag heranreicht? Wie traurig.« Aber das ist nicht mal das Entscheidende. Die Erwartung eines perfekten Tages drückt sich oft in den Budgets aus – dreißigtausend oder fünfzigtausend Euro für eine Hochzeitsfeier sind keine Seltenheit. Und der ganze Tag soll ein völlig ungetrübtes Feuerwerk an Glücksmomenten bieten und ein ununterbrochenes Hochgefühl vermitteln. Das ist eine völlig unrealistische Erwartung – die nur enttäuscht werden kann. Der sicherste Weg ins Unglück ist nun mal: Überhöhe die Erwartungen an dich und dein Umfeld. Je höher die Erwartung, desto geringer die Zufriedenheit. Und meine Erfahrung hat mir als Faustformel mitgegeben: Je wichtiger ein Paar die Inszenierung und die Äußerlichkeiten der Hochzeitsfeier nimmt und je stärker es seine finanziellen Möglichkeiten überdehnt, desto kürzer dauert die Ehe. Ausnahmen bestätigen die Regel.

Über Erwartungen habe ich viel gelernt, als ich mit meinem damals zwölfjährigen Sohn zwei Städtereisen gemacht habe. Jeder durfte eine Stadt bestimmen. Ich wählte natürlich Rom – meine Sehnsuchtsstadt, seit ich als Student dort war. Ich schwärmte meinem Jungen vor von der geschichtsgesättigten Atmosphäre der Stadt, den milden Temperaturen und der italienischen Lebensfreude und buchte ein tolles Hotel für uns. Das würde großartig werden.

Mein Sohn wählte London. Innerlich fiel bei mir gleich die Klappe. Schlechtes Essen, schlechtes Wetter, horrende Preise – das erwartete ich. Aber da musste ich jetzt durch. Das war schließlich der Deal.

Und wie war dann die Realität? Da es in Rom affenheiß war, konnte man sich tagsüber kaum draußen bewegen und hätte sich gern im klimatisierten Zimmer aufgehalten. Aber das teure Hotel hatte »vergessen«, mir bei der Buchung mitzuteilen, dass sie gerade einen Anbau errichteten – Presslufthammerlärm von früh bis spät. Die Abkühlung in den traumhaften Barockkirchen wurde überschattet vom totalen Desinteresse meines Sohns für die Details der römischen Baukunst. Wenig überraschend eigentlich – aber diese Möglichkeit hatte ich vorher ausgeblendet. Und abends erwischten wir gleich zweimal ein schlechtes Restaurant mit unverschämten Kellnern. Im Rückblick fühlt sich die Reise wie ein totaler Reinfall an.

Und dann musste ich auch noch ins volle, fremde, so gar nicht italienische London. Aber siehe da: Wir hatten ein entzückendes und nicht zu teures Hotel in einem lebendigen Viertel. Wir aßen jeden Abend sehr gut. Und mein Sohn war selig über die Atmosphäre dieser aufregenden Stadt und riss mich vom ersten Moment an mit. Entgegen meinen Erwartungen war die Reise ein Riesenerfolg. Das hat mich viel gelehrt über die Rolle, die (übertriebene) Erwartungen spielen – seien sie positiv oder negativ.

Obwohl ich eigentlich ein Freund des Optimismus bin, ertappe ich mich jetzt manchmal bei der Weisheit: Erwarte nichts – und du wirst lauter positive Überraschungen und Glücksmomente erleben. Das ist aber kein Plädoyer für Pessimismus. Denn »nichts« zu erwarten heißt ja auch: nichts Schlechtes. Einfach gar nichts. Lass dich überraschen und sammle positive Momente. Und: Strebe keine Perfektion an. Weil auch das ein zuverlässiger Glückskiller ist.

Die unendliche Leichtigkeit der Langeweile

Der Weg zu mehr Kreativität

Schreibtisch aufgeräumt: Check! Spülmaschine aus- und eingeräumt: Check! Alle Infos zum Thema quergelesen: Check! YouTube-Video zum Thema: läuft! Mit Kollegen gebrainstormt: Check! Nur von dem Artikel, der in zwei Stunden fertig sein muss, gibt es noch kein Wort. Wieso nur fällt mir nichts ein, obwohl ich alle Hebel in Bewegung gesetzt habe und direkt am Puls des Geschehens bin?

Wer auf einen bestimmten Zeitpunkt hin kreativ sein muss, kennt das Problem: Je näher die Deadline rückt, desto hektischer werden die Bemühungen. Und sie sind oft vergeblich. Am Ende schustert man irgendwas zusammen und hat zu keinem Moment das Gefühl, dass ein kreativer Flow entstanden ist.

Was also ist falsch gelaufen? Und was kannst du besser machen?

Psychohack: Die White-Box-Technik

Kreativität braucht Langeweile. Klingt paradox? Ist aber wahr. Bei Kindern setzt kreatives Spielen zuverlässig dann ein, wenn sie dreimal gequengelt haben: »Mir ist laaaaaangweilig!« – und wenn sie das Glück haben, dass niemand sie durch hektische Bespaßungsversuche aus dieser Langeweile holt. Nicht zufällig haben sehr viele Menschen die besten Ideen im Badezimmer – dem Raum im Haus, wo einen die wenigsten Reize ablenken. Thinktanks erschaffen oft absichtlich solche »Weißräume«, die sterilen OPs ähneln. Deshalb: Wenn du auf Ideen kommen willst, begib dich in eine möglichst reizarme Umgebung ohne viel Ablenkung, also in eine »white box«.

Und für alle, die sich jetzt wundern, kommt schon das große Aber. Monatelang in einem Weißraum herumzusitzen, macht natürlich nicht kreativ, sondern depressiv oder blöde. Das Geheimnis liegt darin, dass man zuerst jede Menge Reize aufgenommen und gesammelt haben muss. Entscheidend ist also der Wechsel: Nach einer Phase des Aufnehmens und Aufladens brauchst du eine ruhige, reizarme Umgebung, damit das Chaos der Reize sich ordnen und in kreative Ideen verwandeln kann. Also: erst stimulieren, dann isolieren. Viele jedoch machen nur eines von beidem intensiv. Sie isolieren sich zu viel oder sie stimulieren sich zu viel. Aber aus Lethargie entsteht genauso wenig Kreativität wie aus einem Dauerfeuer der Reize.

Zum Aufladen solltest du übrigens bewusst über deinen Tellerrand hinausschauen. Begib dich in Umgebungen, die dir neue Anregungen geben, und such Menschen auf, die anders an Probleme herangehen, als du es aus deinem Alltag kennst. Der Psychologe zum Beispiel sollte sich auch mit Kampfsport, Theater, Religion und Kochkunst beschäftigen. Und der Maler mit Maschinenbau, Buchhaltung und Schlagzeugspielen.

Übrigens: Dieselbe Reizarmut und Langeweile, die die Voraussetzung für Kreativität ist, ist auch das Geheimnis echter Entspannung und Erholung.

Psychohack: Süßes Nichtstun

Wir leben in einer Gesellschaft der Gestressten und Überforderten. Noch nie zuvor gab es so viele Krankschreibungen aufgrund psychischer Belastungen. Eine ernst zu nehmende Sache! Doch auch hier kann ein Psychohack durchaus seine Wirkung erzielen. Es geht um »Das Lob der Langeweile« oder, wie es der Italiener so zauberhaft nennt, des »dolce far niente«, also des süßen Nichtstuns. Eine alte Weisheit fasst den Effekt perfekt zusammen: Erst wenn die Langeweile einsetzt, beginnt die Entspannung! Ist aber nicht leicht. Die Reizüberflutung, die uns stresst, wirkt zugleich wie eine Droge. Wer es gewohnt ist, minütlich im Kontakt mit der Familie, dem Freundeskreis und der Welt zu sein, kann Stille und Stillstand kaum ertragen. Weshalb viele die Langeweile fürchten wie der Porscheminister das Tempolimit. Wo Langeweile droht, flüchten sie, statt sie zu umarmen. Wir sind permanent in »action« oder »online«, aber so einfach nichts tun, das haben die meisten verlernt. Allenfalls im Urlaub gelingt es noch dem einen oder anderen. Einfach am Pool oder Strand rumgammeln! Dort verzichten wir sogar aufs Handy, weil man bei der Sonneneinstrahlung auf dem Display eh nichts sieht oder wir Angst haben, dass unser Smartphone abends voller Sand ist. Zum Glück! Genieß das Nichtstun! Und zwar nicht nur im Urlaub. Auch im Alltag brauchen wir Momente der Ruhe, um zu uns zu finden. Und erst wenn wir wirklich ganz bei uns und mit uns sind, können wir unser volles Potenzial leben. Also: Mach mal nächstes Wochenende einfach nichts. Wenn dann Freunde anrufen und fragen: »Was machst du?«, dann sag ruhig: »Nichts!« Und wenn die dann meinen: »Super! Dann lass uns treffen!«, antwortest du mit: »Nee, geht nicht! Ich hab schon was vor! Nämlich: nichts!«

Die meisten erfahren keine Entspannung, weil sie zu früh aus der Stille ausbrechen. Entspannung setzt erst ein, wenn man beginnt, sich zu langweilen – und dann nicht in Aktivität flüchtet, sondern das Nichts aushält. Am besten ist man dafür übrigens allein – denn einer der Partner ist meistens schneller mit »So! Und was machen wir jetzt?« als der andere.

Ach so: Wusstest du, dass unsere Muskeln nur in der Entspannung wachsen und nicht in der Anspannung? Also: Schluss mit dem permanenten Aktionismus. Mach mal wieder nichts!

Gebranntes Kind

Wie du es schaffst, den Schatten einer unglücklichen Beziehung loszuwerden

»Diesmal hat wirklich alles gepasst. Ein kluger, sympathischer Mann, der Zuverlässigkeit ausstrahlt und zugleich Humor hat. Ich habe mich sicher und gut gefühlt in seiner Gegenwart. Und auch begehrt. Außerdem hat er nicht nur viel gefragt, sondern auch genau zugehört. Und wir haben ähnliche Interessen. Und konnten toll reden über unsere Vorstellungen vom Leben.« Wenn meine gute Freundin Katharina nicht Tränen in den Augen hätte, würde ich denken, hier sitze eine glücklich verliebte Frau vor mir, die von ihrem perfekten Match schwärmt und in wenigen Wochen einen Termin beim Standesamt beantragen wird.

»Und?«, frage ich und ahne schon, was kommt.

»Wie beim letzten Mal«, sagt sie. »Als ich zu Hause war, hab ich tierische Panik bekommen und ihm geschrieben, dass ich mich nicht auf ihn einlassen kann. Und danach drei Tage und Nächte lang fast nur geheult.«

»Hast du ihm erklärt, was los ist?«

»Nein. Ich hab ihn erst mal blockiert. Ist total gemein, ich weiß.«

»Schon – aber besser, als ihm von deinem Beziehungstrauma zu erzählen. Jetzt habt ihr wenigstens noch eine kleine Chance. Hast du mal ein Foto von ihm?«

Katharina schüttelt den Kopf. »Ich hab alle gelöscht.« Und dann wird sie ein bisschen rot, als sie ganz leise murmelt: »Bis auf eins.«

Lächelnd schaue ich auf ihr Smartphone. »Oh, Mensch, der sieht ja wirklich sehr sympathisch aus! Katharina, den lässt du nicht einfach ziehen! Nicht schon wieder!«

Sie seufzt tief. »Ich würde ja so gern. Aber was ich mit diesem … mit meinem Ex erlebt habe, sitzt so tief. Es fühlt sich an wie ein Dämon, der sich in meinem Herzen versteckt und ganz geduldig auf den richtigen Moment wartet, um wieder alles zu zerstören. Zuerst lässt er mich in Ruhe und es läuft alles super. Sogar auf die Frage nach meinen bisherigen Beziehungen kann ich inzwischen etwas antworten, ohne Schnappatmung zu kriegen. Natürlich lasse ich dabei das Entscheidende weg …«

Sie verstummt.

»Aber dann …«, sage ich, damit sie weiterkommt.

»Aber dann, wenn ich zu Hause bin, wenn also andere das Smartphone anschmachten oder ihre beste Freundin anrufen und zutexten, dann packt es mich. Wie aus dem Nichts. Und dann ist es wie ein Albtraum, aus dem man nicht aufwachen kann. Den man nicht loswird. Ich will zu ihm hin – aber jeder Schritt, den ich mache, entfernt mich von ihm.«

Ich schaue sie fest an. »Katharina, du weißt ja: Ich überlege dauernd, was dir helfen könnte, das endlich loszuwerden. Dein Ex soll nicht mehr diese Macht haben über dich. Und ich hab da eine Idee. Was hältst du davon …«

»Komm mir nicht wieder mit Therapie! Du weißt, das ist mein anderes Trauma.«

»Ja, ich weiß. Nein, ich will dich nicht zum Therapeuten schicken. Aber ich glaube, dass du dich selbst therapieren kannst. Ich kam drauf, als du neulich von diesem Katastrophenurlaub mit deiner Mutter erzähltest. Das war ja weiß Gott auch keine schöne Erfahrung, aber während du erzähltest, hab ich minutenlang vergessen, dass das wirklich passiert ist. Ich dachte, ich sitze bei einer Autorinnenlesung.«

Katharina grinst. »Ja, so was Ähnliches hab ich schon öfter gehört. Macht mir auch echt Spaß, solche Storys zu erzählen. Auch wenn sie eigentlich traurig sind.«

»Genau!« Ich greife in meinen Rucksack und ziehe eine dicke DIN-A5-Kladde mit schönem Einband hervor.

Psychohack: Schreib die Story deines Lebens!

Oft vergleichen Menschen wiederkehrende Gefühle der Angst nach einem traumatischen Erlebnis mit einem Albtraum. Meine Mutter hat irgendwann sehr unter wiederkehrenden Albträumen gelitten. Unter solchen Endlosschleifen. Selbst wenn sie davon wach wurde, rutschte sie danach wieder in denselben Albtraum. Sie hat sich deshalb irgendwann einen Block und einen Stift auf den Nachttisch gelegt und sich gezwungen, die Träume aufzuschreiben, die sie geplagt und geweckt hatten. Und weißt du was? Die Träume, die sie aufgeschrieben hat, kamen dann nicht wieder. Sie hatte sie aufs Papier gebannt und dadurch aus ihrem Unterbewusstsein vertrieben. Indem sie sie ans Licht holte. Und dasselbe machst du jetzt mit deinem Beziehungstrauma. Du bist eine Figur in deiner Story, dein Ex ist eine, und die Frau, mit der er dich betrogen hat, ist auch eine Figur in deiner Geschichte. Es wird unterwegs ziemlich wehtun, aber: Schreibtherapie heilt nachweislich die Seele.

»Alles in mir schreit: weg hier!«

Wie schwierige Unterhaltungen gelingen

Du hast beschlossen, einem Menschen die Wahrheit zu sagen. Etwa über deinen Seitensprung. Oder darüber, dass du seit Längerem weißt, dass er von jemand anderem betrogen wurde. Oder über einen Fehler, durch den du diesen Menschen um viel Geld gebracht hast. Tief im Magen spürst du es seit Tagen: Dieses Gespräch wird sehr unangenehm. Dir bricht der kalte Schweiß aus, wenn du nur daran denkst. Die Unterredung ist überfällig, und sie wird dich mit eigenen Schwächen konfrontieren. Oder du willst heikle Wahrheiten und Kritik loswerden. Du musst mit Vorwürfen und heftigen emotionalen Reaktionen rechnen – Tränen, Wut, Ausrasten.

Psychohack: Das Geh-Spräch

Komplizierte Gespräche solltest du nicht im Sitzen führen, sondern bei einem Spaziergang. Im Spazierengehen finden sich bessere Lösungen. Warum ist das so? Wenn du deinem Gegenüber nicht ins Gesicht schaust und nicht siehst, wie es reagiert und ungeduldig zur Gegenrede ansetzt, wird dein »innerer Zensor« leiser. Du kannst deine Gedanken ruhiger entwickeln und die Dinge klarer und offener ansprechen, wenn du den anderen nicht permanent im Fokus hast. Ihr seid außerdem nicht in einem Raum »eingesperrt«, was den »Fluchtwunsch« bei einer unangenehmen Entwicklung des Gesprächs reduziert. Außerdem ist ein Spaziergang meistens »öffentlich«, weshalb man stärker darauf achtet, die Contenance zu wahren und eine Eskalation zu vermeiden. Übrigens gehen Paare, die noch nicht lange zusammen sind, viel öfter miteinander spazieren. Achtung! Wenn man aufhört, miteinander spazieren zu gehen, ist häufig die Beziehung gefährdet.

Nicht nur für Konfliktgespräche ist ein Spaziergang übrigens das ideale Setting, sondern auch, um seine Gedanken zu ordnen und, ganz wie die antiken Philosophen, allein oder gemeinsam zu tieferen Erkenntnissen und Einsichten zu kommen. In der philosophischen Schule von Aristoteles redeten die Gelehrten beim Gehen miteinander. Dies geschah im Peripatos, also in der Wandelhalle. Die gebildeten Mönche des Mittelalters unterhielten sich beim Gehen in den Kreuzgängen der Klöster. Diese Idee wird heutzutage von vielen professionellen Coaches aufgegriffen, die ihre Beratungsgespräche beim Spazierengehen führen. Denn auch die antidepressive Wirkung von Bewegung ist wissenschaftlich umfassend nachgewiesen. Sie reduziert nachweislich das Stresshormon Cortisol im Blut. Die zusätzliche Sauerstoffanreicherung durch die frische Luft fördert zudem kreative Denkprozesse. Und: Das »Immergleiche« des grünen Waldes oder Parks beruhigt und setzt dadurch weitere Ressourcen frei. Du konzentrierst dich auf dein Inneres statt auf äußere Reize und Ablenkungen.

»Alles super!«

Wie man mit Rosarote-Brille-Trägern umgeht

Optimismus und positives Denken sind ja im Prinzip etwas Gutes. Ohne Optimismus kann man sich schwer motivieren, auch schwierige Aufgaben anzugehen oder scheinbar aussichtslose Situationen zu meistern. Aber manche Menschen können einen zur Weißglut treiben, weil sie wild entschlossen sind, ihre rosarote Brille niemals abzusetzen. Sie finden alles immer super. Sie haben auch nie eine eigene Meinung, wenn es um die Planung von Unternehmungen geht, sondern verkünden mit aufgesetzter Fröhlichkeit: »Ich mach alles mit.« Eine solche Bullerbü-Mentalität kann einen regelrecht aggressiv machen – zum Beispiel, wenn es ein echtes Problem gibt, das sich nicht mit einem »Wird schon gut gehen« oder dem in Mode gekommenen Dummspruch »Alles gut!« lösen lässt.

Wie kannst du mit solchen Menschen umgehen, ohne aus der Haut zu fahren oder dich total zu verbiegen?

Psychohack: Brückenbau am nächsten Tag

Wer permanent alles nur rosarot sieht, offenbart damit oft massive Lebensangst. Er baut sich eine imaginäre Welt, in der er sicher ist. Deswegen hilft es nicht, wenn dir der Kragen platzt und du ihm die eigentlich berechtigten Sätze an den Kopf schmeißt: »Es ist nicht alles Friede, Freude, Eierkuchen!«, »Hör doch auf mit deinem zwanghaft positiven Denken!« oder »Deine Verlogenheit kotzt mich an!« Ein solches konfrontatives Vorgehen bestätigt eher seine Not. Er fühlt sich bedroht und zieht sich noch weiter zurück in seine Traumwelt. Seinem Lächeln siehst du an, dass direkt darunter die blanke Panik schwelt.

Mach dir bewusst, dass du der Stärkere bist, weil du auch negative Dinge aushältst und trotzdem anpacken kannst. Es gilt: Du bist stabiler, also lockerer, daher reg dich nicht zu sehr auf. Das heißt: Reagiere nicht, wenn du selbst gerade getriggert und emotional aufgewühlt bist durch das Schönreden – dann kommt es garantiert falsch rüber. Bevor du austickst, verlass lieber die Situation. Aber bei der nächsten passenden Gelegenheit, wenn du wieder runtergefahren und entspannt bist, solltest du dem Menschen, der dich so aufgeregt hat mit seinem Beschönigungswahn, ruhig mal ein Gesprächsangebot machen: »Sag mal, wie geht's dir eigentlich?« Wenn dann erwartungsgemäß kommt: »Alles super!«, kannst du eine Brücke anbieten: »Ich kam auf die Frage, als ich dich neulich bei der Party beobachtet habe – da sahst du ganz traurig aus. Weißt du noch, was dich da bewegt hat?« Wenn dann wieder kommt: »Nee, nee, alles okay«, musst du das akzeptieren. Ein erneutes Nachhaken (»Du belügst dich doch selbst!«) wäre übergriffig und kontraproduktiv. Aber die Person weiß jetzt, dass sie zu dir kommen könnte, um über Ängste und Sorgen zu sprechen. Mehr geht nicht.

Und wie ist es generell mit dem Optimismus und dem Pessimismus? Stimmt es überhaupt, dass Optimismus die »bessere« Lebenseinstellung ist? Und kann eine Beziehung funktionieren, in der die beiden Partner eine ganz unterschiedliche Art haben, auf die Wirklichkeit und in die Zukunft zu schauen?

Psychohack: Wage den Mix

Zunächst mal: Es geht in den meisten Fällen nicht um »reinen« Pessimismus oder Optimismus, sondern um Abstufungen: Der eine ist ein wenig skeptischer als der andere. Menschen, die nah am Extrem sind und praktisch alles durch die einzige Brille sehen, die sie kennen – entweder schwarz oder rosarot –, sind als Partner ungeeignet. Wer jedes negative Erlebnis als Affront gegen sich selbst empfindet, ist ebenso wenig beziehungstauglich wie der Alles-Beschöniger. Aber wo es um Abstufungen geht, ist eine Paarkombination aus »Wird schon klappen« einerseits und Bedenken andererseits nicht das Schlechteste und sicher kein »Mismatch«. Es gibt zwar aktuell einen Trend, zu gleichartigen Partnern zu raten. Damit man im Privatleben möglichst nur Harmonie und keine Reibungen hat – das Leben »da draußen« sei schließlich schon aufreibend genug. Aber gerade die Reibung ist es, die die Persönlichkeitsentwicklung fördert – und damit die Beziehung. Ein Paar ohne Reibung erstarrt in freundlicher, eigentlich desinteressierter Routine. Deshalb: Wenn du selbst eher dazu neigst, dir alle denkbaren Einwände durch den Kopf gehen zu lassen, bist du mit einem Partner, der nach dem Motto »We cross the river when we come to it« lebt, ganz gut dran. Und umgekehrt: Wenn du gern einfach losmarschierst im Vertrauen, dass sich für alles eine Lösung finden wird, hilft dir ein Partner, der ab und zu fragt: »Möchtest du denn zur Sicherheit wenigstens eine Flasche Wasser mitnehmen in die Sahara?«

Too much information!

Wie man intime Details achtsam handhabt

Das haben sicher schon viele erlebt: Man trifft sich mit einem befreundeten Paar und es liegt, anders als sonst, sofort eine merkwürdige Anspannung in der Luft. Und ziemlich bald platzt einer der beiden heraus: »Wir wollen jetzt schwanger werden. Wir haben die Pille abgesetzt.« Wie soll man darauf reagieren? Und wie genau will man über Details aus dem Bett der Freunde Bescheid wissen?

Die Frage, wie man sich verhalten soll, wenn einem große Entscheidungen erzählt werden, stellt sich aber auch, wenn es nicht um Intimitäten geht, sondern um andere kühne Pläne wie zum Beispiel: »Ich werde kündigen und mache mich selbstständig« oder »Wir werden mit den Kindern für ein Jahr in den Regenwald ziehen – ohne fließend Wasser, Strom und Internet.« Ein Bekannter hat mir mal erzählt, wie ein befreundetes Paar, das seit zwanzig Jahren zusammen war, zu Besuch kam. Bevor alle einander überhaupt richtig begrüßt hatten, zog die Frau eine Flasche Champagner aus dem Rucksack und verkündete: »Wir werden heiraten und ein Haus kaufen. Aber Bernd will nicht.« Und Bernd wollte offenbar wirklich nicht – weshalb sie zwar einige Monate später heirateten, aber ein weiteres halbes Jahr später getrennt und geschieden waren. Zum Glück wenigstens ohne Haus und Immobiliendarlehen am Hals.

Wie also gehe ich um mit dem Herausposaunen intimer oder dramatischer Dinge durch Freunde und Bekannte? Und umgekehrt: Wie bringe ich im Freundeskreis heikle Themen zur Sprache, die mich bewegen? Denn wofür sind Freunde da, wenn nicht, um große Lebensentscheidungen mit ihnen zu besprechen?

Psychohack: Begleiten statt bewerten

Dass Menschen so etwas erzählen, hat oft mit Unsicherheit und Überforderung zu tun. Sie stehen selbst noch etwas überwältigt vor ihrer großen Entscheidung und wollen sich darüber austauschen. Das erfordert Mut, denn gereift und gefallen ist der Entschluss nur bei ihnen, ohne dich einzubeziehen. Aber nun wollen sie mit dir darüber sprechen. Was sie vermutlich nicht wollen, ist ein Urteil.

Deshalb solltest du nicht deine Meinung äußern – weder als Aussage (»Ihr seid verrückt!«) noch als Frage (»Ist das nicht viel zu riskant?«). Konstruktiver ist es, Fragen zu stellen, die den Freunden Gelegenheit geben, über ihre Emotionen und die Hintergründe ihrer Entscheidung zu sprechen. Zum Beispiel: »Worauf freut ihr euch besonders?« Und weil eine dramatische Selbstauskunft in der Regel auf Unsicherheiten hinweist, sollten eure Fragen nach den üblichen Beteuerungen (»Wir sind total glücklich!«) durchaus auch einen Raum öffnen, in dem Zweifel angesprochen werden können: »Und belastet dich auch etwas daran?« oder »Macht dir das auch ein bisschen Angst?« Dann können die wirklichen Knackpunkte auf den Tisch kommen. Wenn du die Skepsis aber selbst vorbringst, festigst du meist nur die (Fehl-)Entscheidung. Das ist eine klassische kommunikative Falle: Eine Frage, die ein Urteil enthält, provoziert eine abwehrende Antwort, und diese Antwort manifestiert dann die ursprüngliche Entscheidung. Weil es nicht mehr um die Sache geht, sondern um Selbstachtung und Autonomie. Da wird man schnell stur und ist nicht mehr erreichbar – auch nicht für berechtigte Einwände.

Aber auch das gegensätzliche Urteil, nämlich reine Begeisterung von deiner Seite (die eventuell nur geheuchelt ist), ist nicht die richtige Reaktion. Sie nimmt die Freude der anderen und ihren Mut nicht ernst. Sie wollen ja einen Austausch über das Für und Wider – nur eben kein fertiges Urteil. Also: Schaffe einen Raum für Freude, aber auch für Sorgen und Bedenken, ohne zu urteilen. Das ist allerdings nicht so leicht, wie es sich hinschreibt und liest. Gerade, wenn du überrascht wirst durch eine Mitteilung, und wenn sich dir sofort alle Nackenhaare aufstellen und alles in dir »Nein! Nein! Nein!« schreit, weil du zum Beispiel glaubst, dass die beiden kein gutes und stabiles Paar sind und kein Kind in die Welt setzen sollten. Dann musst du dich bewusst zwingen, vom Urteils- in den Begleitmodus zu wechseln. Das kann gelingen, wenn du zwischen die dramatische Mitteilung und deine Antwort eine künstliche Pause legst. Etwa, indem du einfach entspannt sagst: »Erzähl doch mal.« Oder indem du dich kurz wegdrehst, um scheinbar etwas an deiner Garderobe zu korrigieren, und dabei langsam bis fünf zählst. Oder indem du dein Feuerzeug von der einen in die andere Hosentasche steckst, um damit zu unterstreichen, dass du jetzt bewusst vom Urteils- in den Begleitmodus wechselst. Natürlich ist es nicht leicht, deine erste Emotion zu verbergen – und deine Freunde werden in deinem Gesicht nach den Spuren dieser Emotion suchen: Begeisterung? Entsetzen? Neid? Sorge? Was sie da sehen, kannst du nicht beeinflussen. Aber was du sagst und fragst, das immerhin kannst du kontrollieren.

Was aber, wenn du selbst ein Thema ansprechen und die Fragen und Meinungen deiner Freunde dazu hören willst? Vielleicht noch ohne zu offenbaren, wie relevant das Thema für dich persönlich gerade ist?

Psychohack: Das Spiel über die Bande

2021 erzählte Will Smith ungefragt in einem Interview, dass er und seine Frau Jada Pinkett-Smith sich vom Konzept der Monogamie verabschiedet hätten. In der offenen Beziehung sehe er den Grund dafür, dass ihre Ehe seit 1997 halte.

Möglicherweise beschäftigt dich ein solches Thema über das übliche Klatsch- und Tratschinteresse hinaus. Und du fragst dich, wie offen man im Freundeskreis oder in der Öffentlichkeit über Fragen der Beziehung und sein Sexleben sprechen sollte. Du weißt ja von deinen eigenen Reaktionen, wie betreten alle nach unten schauen, wenn jemand im Freundeskreis ungefragt über Sexthemen spricht. Der gilt dann entweder als Protzer oder als verlorener Poser. Denn das, worüber wir am meisten reden (zum Beispiel Sex oder Geld), ist das, wovon wir weniger haben, als wir wollen. Weshalb Männer ab fünfzig oder sechzig fast zwanghaft über Sex sprechen – die Potenz lässt in diesem Alter rapide nach, und dasselbe gilt für Gelegenheiten zum Flirten oder mehr. Das ist für alle Anwesenden peinlich.

Es können ganz individuelle Gründe sein, aus denen du aber gern über so ein Thema sprechen möchtest. Vielleicht verspürst du Bedürfnisse, die jenseits traditioneller Moralvorstellungen liegen. Oder dich plagt dein Gewissen, weil du zum Beispiel Steuern hinterzogen hast, und du willst das »Urteil« deiner Freunde hören. Zugleich willst du deine Freunde nicht verschrecken mit deinem Vorstoß. Was also tun?

Mit dem »Spiel über die Promi-Bande« kannst du dich sozusagen anschleichen ans heikle Thema. Wirf erst einen Köder aus, wie zum Beispiel ein Buch, das du gerade liest, oder eben das erwähnte Interview: »Will Smith hat ja jetzt öffentlich erzählt, dass er und seine Frau eine offene Beziehung haben. Ich war ziemlich überrascht. Was sagt ihr denn dazu?« Je nachdem, ob jemand fröhlich sagt: »Wir sind seit zwanzig Jahren

Swinger« oder ob alle betreten schweigen beziehungsweise alles weit von sich weisen, weißt du, ob die Runde geeignet ist für dein Thema. Also achte auf die Reaktion der anderen. Scheinen sie aufgeschlossen zu sein, ist die Bahn frei, dich ein wenig mehr zu »outen«. Reagieren sie eher verlegen, skeptisch oder gar mit negativen Kommentaren, ist dies vielleicht nicht das richtige Umfeld, um sich und die Fragen zur eigenen Sexualität zu offenbaren. Dann sind andere Freunde dafür vielleicht geeigneter.

Nun gibt es Menschen, denen es unter Alkohol schwerfällt, auf die Reaktionen der anderen zu achten. Sie platzen einfach mit intimen Details oder aggressiven Fragen heraus, hauen unkontrolliert alles raus, was ihnen gerade auf der Seele brennt, oder benehmen sich auf andere Weise peinlich. Sie sprengen so oft ganze Abende. Wenn du zur Fraktion »Häuptling Lose Zunge« gehörst und du dich am nächsten Tag regelmäßig bei den genervten Freunden entschuldigen musst, weil du wieder mal einiges an Porzellan zerdeppert hast, solltest du dir erstens Gedanken über deinen Umgang mit Alkohol machen. Und zweitens über folgende Möglichkeit nachdenken:

Psychohack: Der Anstands-Wauwau

In früheren Jahrhunderten gab es die »Anstandsdame«: Sie war permanent dabei, wenn junge Adlige unterschiedlichen Geschlechts aufeinandertrafen, und sollte vor allem dafür sorgen, dass die damalige Vorstellung von »Sittsamkeit« eingehalten wurde, sich die jungen Leute also nicht zu nahe kamen. Wenn du dank des guten Weins den Spagat zwischen Offenheit und Ehrlichkeit auf der einen Seite und aufdringlicher Grenzüberschreitung auf der anderen nicht gut hinbekommst: Such dir eine vertraute Person, die weniger Alkohol trinkt und die darauf achtet, was du tust oder äußerst. Wenn du zu weit zu gehen drohst und dich mal wieder verrennst, äußert sie ein vereinbartes Codewort (zum Beispiel »Schornsteinfeger«) – und aufgrund eurer Vertrauensbasis legst du die verbalen Waffen nieder. Dieses Vertrauen ist wichtig, damit du dich nicht von deinem verbündeten Anstands-Wauwau provoziert fühlst und womöglich auch noch gegen diese Person schießt. Wenn du jedoch feststellst, dass du permanent die Person bist, die soziale Situationen sprengt, solltest du dir professionellen Rat zu deinem Verhalten holen.

Ist das noch Kaufrausch oder schon Sucht?

Wenn impulsives Verhalten zerstörerisch wird

Sichtlich geschockt erzählten Freunde mir kürzlich, womit ihre neunzehnjährige Tochter sie gerade »überrascht« hatte: Bei ihr hatten sich über Monate hinweg online Ratenschulden von mehreren Tausend Euro angehäuft. Da sie eine Ausbildungsvergütung von etwa fünfhundert Euro netto im Monat bezieht, war klar: Die Eltern müssen ran. Aber wie konnte es passieren, dass eine eigentlich intelligente und vernünftige junge Frau dermaßen den Überblick verliert?

Die Älteren erinnern sich noch, dass man sich früher nur etwas kaufen konnte, indem man in ein Geschäft ging. Dort probierte man an, was einem stand und passte, und kaufte maximal so viel, wie man nach Hause tragen konnte. Und auch das ging nur, wenn man das Geld dafür hatte. Und zwar ganz konkret in bar oder auf dem Konto. Später kam der Dispo, der zwar oft in eine Zinsfalle führte, dessen Höhe aber immerhin vom Einkommen abhing. Das Maximum des Kaufrauschs war der Schlussverkauf, der zweimal jährlich stattfand.

Die Konsumwelt von heute dagegen überfordert vor allem viele junge Menschen: Sie bestellen online – erst mal gratis – beliebige Mengen an Klamotten. Diese Möglichkeit steht ihnen rund um die Uhr und das ganze Jahr offen. Bezahlt werden muss »nur«, was nicht zurückgeschickt wird. Aber der Betrag ist nicht sofort und auch nicht vollständig fällig. Zahlungsdienstleister wie Klarna bieten ein raffiniert gestaffeltes System der Ratenabbuchung, bei dem man leicht die Augen davor verschließen kann, dass man längst überschuldet ist und den Gesamtbetrag niemals zurückzahlen kann. Und selbst dann kann man munter weiterbestellen. Angeregt wird man durch Aktionen wie die »Black Week«, den »Cyber Monday« und angebliche Rabattaktionen. Und wir Menschen sind halt Jäger und Sammler – wenn wir ein Schnäppchen machen können, dann wollen wir das auch. Hier reagiert vor allem unser Reptiliengehirn. Jäger können bei der Schnäppchensuche erfolgreich sein, und Sammler werden durch das Zusammentragen von materiellen Sicherheiten glücklich.

Wie kannst du dich vor sinnlosen Impulskäufen schützen? Und woran erkennst du, dass du bereits in ein Suchtverhalten abgerutscht bist?

Eine wichtige Bemerkung vorweg: Sobald Sucht im Spiel ist, gibt es keine Psychohacks. Dann brauchst du echte, individuelle therapeutische Hilfe. Aber wie kannst du feststellen, ob du ein Suchtproblem hast – beim Kaufen, beim Alkoholkonsum, beim Essen, beim Kiffen, beim Zocken oder was auch immer? Dafür musst du die 1-1-1-1-METHODE durchziehen. Sie bedeutet:

Schritt 1. Ich bestelle jetzt **nur ein** Kleidungsstück. Oder: Ich trinke heute **nur ein** Glas. Oder: Ich spiele heute **nur eine** Stunde am Computer. Oder: Ich ziehe heute **nur einmal** am Joint.

Schritt 2. Ich verzichte **an einem Tag der Woche** vollständig auf Alkohol, aufs Zocken, auf Onlinekäufe, auf Torte, aufs Kiffen etc.

Schritt 3. Ich halte es **eine ganze Woche lang** aus ohne Onlinebestellung, ohne Computerspielen, ohne Alkohol, ohne Fressattacke, ohne Joint.

Schritt 4. Ich kann das auch **einen ganzen Monat** lang.

Wenn dir eines davon (oder schon die Vorstellung) Probleme oder gar Angst bereitet, hast du ein Suchtthema und brauchst Hilfe. Wenn dir dieses 1-1-1-1-Programm gelingt – und zwar, ohne dass du wahnsinnig wirst und ohne zehn gescheiterte Anläufe –, dann kann man davon ausgehen, dass du kein Suchtproblem hast. Aber Achtung: Es genügt nicht, zu *sagen*: »Klar schaff ich das!« Du musst es *durchziehen*. Ich rate dir, konkret zu planen und aufzuschreiben, wann du es machen willst – und das auch deinem Partner oder deinen Musketier-Freunden mitzuteilen: »Ich trinke heute Abend nur ein Glas Wein. Nächste Woche Dienstag trinke ich nichts. In der ersten Augustwoche trinke ich nichts. Im März nächsten Jahres trinke ich nichts.« Oder eben: »Bis Ostern werde ich keine Kleidung mehr kaufen.«

Gehen wir mal davon aus, dass du nicht kaufsüchtig bist, aber deine Neigung zu nächtlichen Spontanbestellungen im Netz gern in den Griff bekommen möchtest. Dafür hilft es, dir klarzumachen, warum wir überhaupt aus dem Impuls heraus etwas kaufen, das eigentlich nicht auf dem Einkaufszettel stand. Tatsächlich kaufen wir Produkte, um ein bestimmtes Gefühl zu bekommen. Wir kaufen die Wohndeko, um uns heimisch zu fühlen. Wir kaufen den Lippenstift und das Shirt, um uns sexy zu fühlen. Es geht um das Konsumversprechen des Gefühls dahinter. Um dieser Konsumfalle zu entkommen, solltest du dich deinen tatsächlichen Sehnsüchten stellen.

Psychohack: Der Sehnsuchtszettel

Schreib auf ein Blatt, was du gerade bestellen willst – und daneben, warum du es bestellen willst, beziehungsweise, wonach du dich wirklich sehnst. Ist es tatsächlich das dritte Paket mit

Klamotten in diesem Monat? Oder doch eher eine tröstende Umarmung? Eine Versöhnung? Ein ernsthaftes Gespräch mit jemandem? Was braucht es für dich zum Beispiel für ein gemütliches Zuhause? Manchmal ist es eher ein liebevolles Gespräch mit dem Partner als die neue Weihnachtsdeko – aber du traust dich vielleicht nicht, das anzusprechen. Und kaufst dir deshalb lieber drei Tage Vorfreude auf das nächste Paket.

Notiere, was du dir wirklich im Leben wünschst. Diese Schreibtherapie, also das Aufschreiben der Sehnsüchte, verschafft Klarheit – und sorgt für weniger Ebbe im Geldbeutel. Simuliere den Moment, von dem du glaubst, dass er dich glücklich macht – ohne Geld auszugeben. Und im zweiten Schritt mach aus der Sehnsuchtsliste eine To-do-Liste: Was kannst du tun, damit sich deine Sehnsüchte wirklich erfüllen?

Wann legst du so einen Sehnsuchtszettel am besten an? Der geeignetste Moment ist diese Phase der Ernüchterung nach dem Öffnen des Pakets, der Anprobe und der Rücksendung fast aller Klamotten. Dieser Moment fühlt sich meist sehr traurig und fade an – da hilft und tröstet der Sehnsuchtszettel.

»Oh Gott, ich hasse Rampenlicht!«

So überwindest du deine Schüchternheit

Als ich meinen sechsten Geburtstag feierte, war unter anderem ein recht schüchterner Junge aus der Nachbarschaft eingeladen. Gegen halb vier klingelte es an der Tür, ich öffnete, und vor mir stand Niklas. Mit einem vor Angst verzerrten Gesichtsausdruck drückte er mir sein eingepacktes Geschenk in die Hand – und rannte dann zu meiner Verblüffung panisch davon. Einige Minuten später klingelte es erneut und Niklas wurde von seiner Mutter gebracht. Es wurde dann noch ein fröhlicher Geburtstag, der auch ihm Spaß machte. Aber die Schwelle, bei uns zu klingeln, war das Maximum gewesen für ihn. Allein reinzukommen war zu viel. Ich konnte ihn verstehen, denn ich weiß, dass viele Menschen Angst davor haben, bei Leuten zu klingeln, sie anzurufen oder anzusprechen. Irgendwann legte sich das bei Niklas – aber die Menschen sind verschieden, und mancher behält diese Kontaktscheu bis ins Erwachsenenalter. Dazu sollte man stehen – man ist dann eben nicht dieser laute, leutselige, oft etwas nervige Typ, der jeden anquatscht und sofort mit allen auf Du und Du ist.

Hast du Hemmungen, jemanden anzusprechen, und fühlst dich auf Partys, aber auch im Alltag gestresst beim Gedanken, dass du ein Gespräch beginnen sollst? Zum Beispiel mit der neuen Kollegin, der Verkäuferin beim Bäcker oder dem

Behördenmitarbeiter? Du möchtest daran arbeiten, deine Scheu zu überwinden, und auch ein komplizierteres Anliegen ohne Schweißausbruch vortragen können? Oder in der Lage sein, einfach eine lockere Plauderei zu starten?

Vorweg: Bei krankhafter Schüchternheit solltest du dir therapeutische Hilfe suchen. Aber meistens geht es eher um die Überwindung eines mulmigen Gefühls in der Magengegend.

Psychohack: Affirmation

Es mag ein bisschen bizarr klingen, aber es funktioniert: Wenn du dich meistens nicht traust, den Mund aufzumachen, kannst du dich stärken, indem du dich selbst starkredest. Stell dich morgens als Erstes vor den Spiegel und sage laut zu dir selbst: »Ich bin liebenswert. Ich bin mir meiner selbst bewusst.« Wenn du das ein paar Wochen lang täglich machst, sickert es allmählich in dein Bewusstsein ein – und macht dich selbstbewusster.

Psychohack: Die Parkbank

Ein häufiger Fehler von Menschen, die sich etwas vorgenommen haben: Sie greifen sofort ins oberste Regal. Aber wer mit dem Joggen beginnen will, meldet sich dafür ja auch nicht gleich für den nächsten Marathon an. Also: schön langsam starten und nicht gleich das Model ansprechen. Stattdessen geh in den Park und schau, ob ein älterer Mensch allein auf einer Bank sitzt. Dann setz dich dazu und sag einfach »Guten Tag«. Und schau, was passiert. Mit großer Sicherheit wird die Person sich freuen, wahrgenommen und angesprochen zu werden. Und dass sie allein dasitzt, lässt vermuten, dass ihr der Kontakt hochwillkommen ist, weil sie oft einsam ist. Und vielleicht hat sie ja etwas Interessantes aus ihrem Leben zu erzählen. Und stellt dir gute, kluge Fragen. Oder ihr hört einander einfach nur zu. Vielleicht also ergibt sich ein

Gespräch – und du spürst, wie gut der Kontakt zwischen Menschen tut. Und zwar nicht nur dieser älteren Person, sondern auch dir.

Und was ist der Worst Case? Dass dein Gruß nicht erwidert wird und sich kein Gespräch ergibt. Dann stehst du wieder auf und gehst. Und versuchst es ein anderes Mal woanders. Aber etwas wirklich Schlimmes ist dir nicht geschehen, oder? Du wolltest nichts Bestimmtes erreichen, und wenn sich nichts entwickelt, dann ist das folgenlos.

Mit der Parkbankmethode gewöhnst du dich allmählich daran, Leute anzusprechen, und verlierst so nach und nach deine Scheu. Sodass du irgendwann auch die nett wirkende neue Kollegin im Fahrstuhl mit einem freundlichen »Guten Morgen!« begrüßen kannst. Ich sage dir voraus: Sie wird sich freuen.

Soziale Ängste beziehen sich aber nicht nur auf das direkte Ansprechen eines anderen Menschen, sondern noch viel öfter darauf, öffentlich die Stimme zu erheben. Vielen bereitet es erhebliches Magengrummeln, in Gegenwart anderer etwas zu sagen wie »Herr Ober, die Suppe ist lauwarm« oder gar zu rufen: »Kann ich zahlen?« Auch Sätze wie »Können Sie bitte eine weitere Kasse aufmachen?« oder im Bus: »Halt, die alte Dame ist noch nicht drin!« kommen ihnen dann nicht über die Lippen. Das Wissen, dass alle Umstehenden sie anschauen, macht vielen Menschen sehr zu schaffen – auch wenn diese Blicke sehr oft bewundernd und dankbar sind. Und wir kennen es alle, dass vor allem Männer lieber eine halbe Stunde lang herumirren, als einmal nach dem Weg zu fragen.

Zuerst mal: Du bist mit so einer Angst nicht allein. In den USA haben laut Studien mehr Menschen Angst vor dem Halten öffentlicher Reden als vor dem Tod. Schwer zu glauben, aber wahr. Was also kannst du dagegen tun?

Psychohack: Stresssimulation

Betrachten wir deine Stimme mal als Musikinstrument. Wie bei der Geige oder der Trompete geht es auch beim »Lautwerden« nur um eins: üben, üben, üben. Manche haben das Glück, schon während der Schulzeit ermutigt zu werden, regelmäßig vor der Klasse oder der Schulgemeinschaft zu sprechen – die Waldorfschulen leisten hier beispielsweise Gutes. Aber auch als Erwachsener ist es nie zu spät, mit dem Üben zu beginnen. Also geh immer wieder bewusst in Situationen, von denen du weißt, dass sie dich stressen. Es gibt Gruppen wie Toast Masters, in denen man das trainieren kann. Oder man meldet sich einfach mal in einer Sitzung oder der Betriebsversammlung zu Wort und stellt die Frage, die alle um einen herum gerade vor sich hinmurmeln. Was beim Üben entsteht: Du hörst und findest die eigene Stimme und bekommst nach und nach auch ein Gefühl dafür, wann sie zu laut oder zu leise ist. Du lernst, ausbleibende Zustimmung, offenen Widerspruch oder gar Ablehnung auszuhalten. Du entwickelst Fingerspitzengefühl dafür, wann es richtig ist, die Stimme zu erheben, und in welchem Ton – und wann du lieber die Klappe hältst, weil zielloses Herumpoltern in einer unvermeidlichen Supermarktschlange oder bei einem verspäteten Zug niemandem hilft und meist die Falschen trifft. Vor allem aber machst du bei jedem Üben die Erfahrung, dass du nicht stirbst, wenn du öffentlich etwas sagst und damit die Aufmerksamkeit auf dich lenkst. Und dass du auch nicht aus der Gemeinschaft ausgestoßen wirst. Eher im Gegenteil: Oft werden danach Kollegen zu dir kommen und sagen: »Danke, dass du den Mund aufgemacht hast. Hab mich nicht getraut.« Ich sage dir: Das fühlt sich gut an.

Und zum Abschluss noch ein Hack, der helfen kann, das Lampenfieber vor einem regelrechten Auftritt in den Griff zu bekommen, also vor einer Präsentation, einem Vortrag, einer

Bühnensituation. Zuerst mal: Dieses Lampenfieber ist absolut normal. Es sorgt für die nötige Anspannung. Wer unbeteiligt und scheinbar tiefenentspannt auf die Bühne latscht, wird mit großer Wahrscheinlichkeit keine gute Wirkung auf das Publikum haben. Es geht also nicht darum, das Lampenfieber wegzubekommen, sondern es nicht so negativ zu bewerten.

Psychohack: Glöckchenzauber

Horch einmal in dich hinein, woran dich das Lampenfiebergefühl erinnert. Du kennst diese Nervosität nämlich aus deiner Kindheit. Lampenfieber ist dieselbe seelische Verfassung wie das Warten auf die Weihnachtsbescherung. Die Spannung und Vorfreude waren so groß, dass du sie kaum noch ertragen konntest. Sie schlugen um in Nervosität bis hin zu Panik ... und lösten sich, sobald das Glöckchen klingelte, in Glücksgefühle auf. Von dieser Erkenntnis ist es nicht mehr weit bis zu unserem Psychohack. Denn was du fühlst, ist keine Angst, sondern gespannte Vorfreude. Dein Vortrag ist dein absolutes Highlight der Woche. Genau das teilen dir dein trockener Mund und der kalte Schweiß auf deiner Stirn gerade mit. Und gleich, gleich darfst du da raus und alles löst sich auf in die Freude an deinem Auftritt. Genieß ihn.

»Niemand sieht, was ich leiste!«

Wie du mit fehlender Wertschätzung umgehst

Du ackerst viel und setzt dich ein – für die Familie, im Job, im Ehrenamt, im Freundeskreis. Du gibst alles und lieferst so richtig ab. Aber es kommt einfach nichts zurück. Kein Dankeschön, kein »Gut gemacht!«, keine Prämie. Dabei brauchst du es so sehr, einfach mal ein paar lobende Worte zu hören. Dein ganzes Leben sehnst du dich schon danach.

Um durchstarten und durchhalten zu können, benötigen Menschen Selbstvertrauen oder wie es in der Psychologie bezeichnet wird: Selbstwirksamkeitsüberzeugung. Das Wissen, dass wir, dass unser Handeln einen Unterschied bedeutet, macht uns in herausfordernden Situationen zuversichtlicher und lässt uns mutigere Entscheidungen treffen. Doch wie entsteht diese wichtige psychologische Eigenschaft? Ist sie angeboren? Tatsächlich kann es genetische Einflüsse geben. Doch viel entscheidender ist die kindliche Prägung. Wem als Kind wenig zugetraut wurde und wem kaum vertraut wurde, dessen Selbstvertrauen ist eher unterentwickelt. Hier nun die gute Nachricht: Deine Selbstwirksamkeitsüberzeugung lässt sich trainieren – und das auch noch mit geringem Aufwand.

Psychohack: WhatsApp dich selbst!

Gerade wer viel Anerkennung braucht, bekommt sie oft am allerwenigsten. Das ist bitter. Und richtig bitter ist, dass es wahrscheinlich einen Menschen in deinem Leben gibt, der dir so gut wie nie Wertschätzung schenkt. Und weißt du, wer das ist? Das bist du selbst. Deshalb mein Tipp: Gib dir selbst, was du dir von anderen so sehr wünschst. Für diesen Psychohack benötigst du dein Smartphone. Gründe zunächst eine WhatsApp-Gruppe mit dir selbst. (Falls du nicht weißt, wie das geht, frag deine Kinder oder Enkelkinder, die machen das gern für dich.) In diese WhatsApp-Gruppe schickst du dir regelmäßig Sprachnachrichten. Wichtig: keine schriftlichen Notizen, nur Sprachnachrichten! Immer dann, wenn dir im Laufe eines Tages etwas Gutes gelungen ist, schickst du dir eine Message, in der du dich selbst lobst und deine Leistungen anerkennst. Schildere genau, was du gut gemacht hast. »Heute hast du auf der Arbeit sauber abgeliefert. Du hast alle Projekte pünktlich erledigt und noch einen neuen Kunden gewonnen. Und das nach nur vier Stunden Schlaf und dem Kraftakt gestern bei der Inventur. Du bist echt der Hammer! Gut gemacht!«

Anfangs ist das sicher ungewohnt und fühlt sich komisch an. Aber wenn du es ein paar Tage lang durchziehst, gewöhnst du dich dran – und es wird sich sehr lohnen. Dafür gibt es vier starke Gründe:

1. **Positive Achtsamkeit.** Wir schenken in unserem Alltag allem Negativen viel zu viel Aufmerksamkeit. Wir erinnern uns noch monatelang an kleine Fehler, Pannen und Peinlichkeiten, während wir selbst große Erfolge schon nach wenigen Wochen komplett vergessen haben. »WhatsApp dich selbst« hilft dir dabei, dem Gelungenen intensivere Aufmerksamkeit zu widmen. Das wirkt sich nachhaltig positiv auf deine Selbstwirksamkeitsüberzeugung aus.
2. **Selbstlob lernen.** Den meisten von uns fällt es überraschenderweise leichter, sich selbst zu beschimpfen, als etwas Wertschätzendes zu sich selbst zu sagen. Viele können

auch keine Komplimente annehmen. Ihnen ist es peinlich, wenn sie für ihre Fähigkeiten und ihr Aussehen gelobt werden. Das liegt häufig auch an unserer Prägung – an Sätzen wie »Eigenlob stinkt!«, die wir uns als Kinder anhören mussten, wenn wir stolz auf eine Leistung waren. Deshalb: Nimm dein Leben in die Hand und sei gut zu dir. Und klopf dir ruhig selbst auf die Schulter. Du hast es verdient.

3. **Emotionale Stabilisierung.** Es gibt Tage, an denen es dir nicht so gut geht, du dich mutlos fühlst und dir gar nichts zu gelingen scheint. Solche Tage hat jeder. Dann ist die Zeit gekommen, um dir die Nachrichten anzuhören, die du dir selbst in den letzten Wochen geschickt hast. Hör dir über mehrere Minuten an, was dir alles gelungen ist. Vieles wirst du schon wieder vergessen haben, doch dank deiner akustischen Aufzeichnungen wird dir wieder bewusst, was in dir steckt. Das ist wie ein Wintervorrat an starken Momenten. Er macht Mut und gibt Zuversicht.
4. **Sich selbst »nachbeeltern«.** Im Rahmen einer internen qualitativen Studie zu diesem Psychohack stellte sich etwas Erstaunliches heraus, das ich bei der Entwicklung dieser Methode gar nicht bedacht hatte. Ein Großteil der Anwenderinnen und Anwender berichtete, dass ihnen beim Abhören der Sprachnachrichten aufgefallen sei, wie sehr ihre eigene Stimme der von einem ihrer Elternteile ähnelte. Für sie klang es so, als spräche die eigene Mutter oder der eigene Vater die wertschätzenden Worte. Diese Erfahrung hatte auf viele eine ganz besondere Wirkung. Endlich hörten sie das liebevolle Lob, das sie in ihrer Kindheit so sehr vermisst hatten. Dieses Erlebnis stärkte ihre individuelle Selbstwirksamkeitsüberzeugung zusätzlich.

Die eben erwähnte interne Studie zeigte auch, dass die »WhatsApp dich selbst«-Methode deutlich bessere Ergebnisse liefert als die sogenannte Glückstagebuch-Technik, bei der man sich am Ende des Tages besonders schöne Momente notiert. Ein Grund für die signifikant bessere Wirkung ist der oben beschriebene tiefenpsychologische Einfluss der Stimme. Ein weiterer ist die einfachere Umsetzbarkeit, da man nichts notieren muss.

»Morgen fang ich wirklich an!«

Wie man den inneren Schweinehund überlistet

Mein Studienfreund Christoph hatte am Kühlschrank seiner WG eine Postkarte befestigt. Darauf stand: »Hä? Vor fünf Minuten war es doch noch zwei Stunden früher!« Als ich sie entdeckte, lachte ich ausgelassen über den coolen Spruch. Christoph war einfach ein sehr lustiger Kerl. Aber an der Reaktion seiner Mitbewohnerinnen und Mitbewohner merkte ich schnell: Die fanden das gar nicht komisch. Weil es kein souveräner Gag von Christoph war, sondern eher eine Selbstbeschreibung. Sie nahmen die Karte als Versuch von Christoph wahr, sich mit Hinweis auf seine Schwäche um Aufgaben zu drücken, die sich aus dem gemeinschaftlichen Wohnen ergaben: einkaufen, Küche und Bad putzen und so weiter. Als ich Christoph besser kennenlernte, fiel mir auf, dass seine Schwäche sich nicht auf Abwaschen und Kloputzen beschränkte. Wir besuchten dieselben Lehrveranstaltungen, obwohl er über zwei Jahre älter war als ich. Denn er bekam einfach den Hintern nicht hoch, wenn es darum ging, sich auf eine Prüfung vorzubereiten oder eine Seminararbeit zu schreiben. Als ich einmal mit ihm darüber sprach, sagte er grinsend: »Ich weiß auch nicht, wie das kommt: Wenn ich morgens aufstehe, ist es meistens schon 15 Uhr. Und dann lohnt es auch nicht mehr, anzufangen.« Aber hinter dem Grinsen spürte ich seine Ratlosigkeit und Verzweiflung. Er war ein hilfloses Opfer seiner Aufschieberitis.

Damals wusste ich noch nicht, was dagegen hilft. Ich war ja selbst ganz gut darin, vor dem inneren Schweinehund zu kapitulieren und mich mit unsinnigen Tätigkeiten von der eigentlichen Aufgabe abzulenken. Sonst hätte ich Christoph vielleicht sogar helfen können. Damals verlor ich ihn aus den Augen, weil er immer seltener in der Uni auftauchte und immer öfter Taxi fuhr. Ich weiß nicht, was aus ihm geworden ist. Ich hoffe, er ist auch ohne das Diplom ein zufriedener und glücklicher Mensch geworden – und hat seine Aufschieberitis in den Griff bekommen.

Was also kann man tun, wenn man sich schwer aufraffen kann? Wenn eine komplizierte oder lästige Aufgabe einem so bevorsteht, dass man sie permanent vor sich herschiebt? Wenn die Panik immer größer wird, weil die Aufgabe ja vom Aufschieben nicht verschwindet? Sondern immer größer und bedrohlicher erscheint?

Psychohack: Die Pomodoro-Technik

Wenn du etwas Unangenehmes erledigen musst wie zum Beispiel das Lernen für eine Matheklausur, den versprochenen Wohnungsputz oder das Ausmisten des Kellers, dann blockiert dich oft der Gedanke: »Morgen ist der elende Tag, an dem ich die ganze Zeit Mathe machen/den Sanitärbereich schrubben/staubige Kisten schleppen muss.« Und wer will sich schon einen ganzen Tag versauen? Dann doch lieber auf übermorgen verschieben.

Der Trick ist, dir klarzumachen, dass der Tag nicht nur aus dieser lästigen Tätigkeit besteht. Du kannst und solltest ihn vielmehr wie eine Tomate in Scheiben schneiden – und dazwischen leckeren Mozzarella und Basilikum schichten, sprich: Pausen mit angenehmen, entspannenden Tätigkeiten.

Also nimm dir zu Beginn der Arbeit einen Küchenwecker und stell ihn auf fünfundzwanzig Minuten. Diese Wecker sehen oft aus wie eine Tomate; daher auch der Name des Psychohacks. Aber du kannst natürlich auch das Smartphone nehmen oder Alexa beauftragen. Die fünfundzwanzig Minuten arbeitest du konzentriert an der Aufgabe – dann machst du zehn Minuten Pause und belohnst dich so für das Geschaffte, indem du dir einen Kaffee machst und einen Keks dazu futterst, dir ein lustiges Video anschaust oder was auch immer. Danach arbeitest du wieder fünfundzwanzig Minuten konzentriert bis zur nächsten Pause. Du wirst sehen: In dieser Stunde, die aus den Scheiben 25 + 10 + 25 besteht, schaffst du deutlich mehr als in einer pausenlosen Stunde, gegen die sich alles in dir sträubt.

Die Scheibchentechnik gilt übrigens auch für die Formulierung der Aufgabe. Vermeide zu allgemeine Pläne wie »Wir müssen hier mal grundlegend groß reinemachen«, »Der Garten muss dringend auf Vordermann gebracht werden« oder auch »Morgen erledige ich die gesamte Prüfungsvorbereitung«. Viel besser ist ein konkreter Plan: »Am Sonntag zupfen wir fünfundzwanzig Minuten Unkraut.« Danach habt ihr das gute Gefühl, das geschafft zu haben, was ihr euch vorgenommen habt. Wenn man sich aber zu viel vornimmt, ersetzt man Erfolgserlebnisse durch Frust. Denn Erfolgserlebnisse beruhen darauf, dass es Aufgaben gibt, die man in absehbarer Zeit erledigen und abschließen kann. Das sollte man übrigens auch sichtbar machen – etwa durch das »Macher-Schaschlik« (siehe Seite 28) oder eine To-do-Liste, auf der man stolz durchstreicht, was erledigt ist. Und mit jedem Strich dreht man dem inneren Schweinehund eine lange Nase.

»Ich bin so dick und hässlich!«

Wie du deine Selbstakzeptanz verbesserst

Insbesondere Frauen sind einer Vielzahl von Erwartungen ausgesetzt, die sie stressen und einschränken. Übrigens werden diese Erwartungen nicht selten auch von Frauen formuliert – sei es mit Worten, sei es mit abschätzigen Blicken. Insbesondere das Äußere von Frauen ist Gegenstand vieler (unrealistischer) Idealvorstellungen, die auch durch die allgegenwärtigen Medien transportiert werden.

Du hast sicher schon vom Begriff »Body Positivity« gehört, der alle Menschen ermutigen soll, zu dem Körper zu stehen, den sie nun einmal haben. Man kann das erweitern zu: Akzeptiere und schätze dich selbst, so wie du bist – sowohl das Äußere als auch das Innere. Und du kennst sicher die Empfehlung, dich nicht mit anderen zu vergleichen, weil das nur unnötigen Stress auslöst. Die Konsequenzen sind oft erheblich: Falsche Scham, das Licht im Schlafzimmer bleibt aus oder Menschen verlieren ganz die Lust am eigenen Körper und an sinnlicher Körperlichkeit. Andere Folgen sind gesundheitsschädliche Diäten und Depressionen. Allerdings ist es eine unrealistische Vorstellung, dass Menschen ganz aufhören, sich mit anderen zu vergleichen. Wir sind soziale Wesen, die in Gemeinschaften leben, und unsere Normen und Regeln können nicht entstehen und funktionieren ohne Vorbild und Vergleich. Wer sich überhaupt nicht vergleicht, lebt als Egomane oder Eremit und lernt auch Dinge wie Rücksicht, Mitleid und Solidarität nicht.

Was also tun gegen den Dauerstress der Schönheitsideale?

Psychohack: Der Buhne-16-Booster

Der entscheidende Rat lautet: Vergleich dich mit den Richtigen! Natürlich freuen sich die Diätindustrie und der Kosmetikhandel, wenn du dich an den gephotoshoppten Models und Hollywoodstars auf Instagram orientierst. Aber das ist etwa so, als wolltest du deine Fähigkeiten in Mathe an den Möglichkeiten eines Supercomputers ausrichten statt an deinem Kollegen oder deinem Kumpel. Womit du dich, wenn schon, vergleichen solltest, ist die Realität. Dafür kannst du dich mal eine Stunde an einen FKK-Strand begeben – das kann die berühmte Buhne 16 in Kampen auf Sylt sein, aber auch jeder andere Strand. Oder auch ein Badesee, ein Freibad oder eine Sauna, egal ob FKK oder textil. Und dann lass dich auf die Menschen dort einfach mal in Ruhe ein. Nein, nicht den üblichen masochistischen Scannerblick schweifen lassen, bis du endlich die beiden Frauen gefunden hast, die dem irrealen Schönheitsideal entsprechen! Schau dir bitte stattdessen die hundert anderen an. Ganz normale Körper in der Vielfalt, die die Natur hervorbringt. Kleine Brüste und große, kleine Füße und große, Bäuchlein und dicke Pos, Schwangerschaftsstreifen und Narben, Haare aller Farben und Glättegrade, runde Gesichter und schmale und so weiter und so weiter. Das sollte dein Maßstab sein. Noch ein Tipp: Nimm einen Freund oder eine Freundin mit und frag, wen sie attraktiv finden. Oder frag zehn Männer nach ihrem Frauentyp. Du wirst viele verschiedene Antworten bekommen.

Und hier noch eine kleine Übung für hartgesottene Selbstkritische – und für tendenziell Selbstverliebte.

Psychohack: Der Tütentest

Nimm eine Papiertüte und schneide zwei Löcher für die Augen rein. Dann schließ die Tür ab, zieh dich nackt aus, stülp dir die Tüte über den Kopf, stell dich vor einen Spiegel und betrachte dich. Der Hintergrund dieser Übung: Solange wir unser Gesicht sehen, betrachten wir unseren Körper je nach Veranlagung zu nachsichtig (Männer) oder zu kritisch (Frauen). Eine schonungslose Selbstbetrachtung – und hoffentlich Selbstakzeptanz – geht mit dem Tütentest besser.

»Ich könnte jeden Abend aus der Haut fahren!«

Wie man es schafft, Stress und Frust nicht an den Falschen auszulassen

»Ich gehe abends regelmäßig gestresst aus der Firma und lasse die Anspannung oft zu Hause an meiner Familie aus, die gar nichts dafür kann. Wie kann ich das abstellen?«, schrieb mir ein zweifacher Vater. Vielleicht kennst du das auch? Du kommst nach einem anstrengenden Arbeitstag nach Hause. Deine Nerven liegen blank und jede Kleinigkeit kann dich zum Explodieren bringen. Es kann das ausgelassene Toben deiner Kinder sein, ein falscher Blick deines Partners oder deiner Partnerin oder unangenehme Post, die auf dich wartet – und schon gehst du in die Luft.

Wenn du hingegen einen tollen Tag hattest, die Sonne scheint und du richtig gut drauf bist, können deine Kinder das Haus anstecken und du denkst: »Ach, lass sie machen! Learning by burning!« Fazit: Es sind unsere Emotionen, die unser Denken und Handeln bestimmen. Aus diesem Grund ist es so wichtig, dass wir lernen, unsere Emotionen souverän zu managen. »Emotionssteuerung« nennt man das im Fachjargon. Das bedeutet nicht, dass wir unsere Gefühle unterdrücken sollen, sondern ganz im Gegenteil: Wir sollen sie bewusst wahrnehmen und ausleben – aber zu unserem Wohl und dem unserer Mitmenschen. Denn launische Menschen mit einem schlechten Emotionsmanagement sind toxische

Persönlichkeiten, die sich selbst und anderen das Leben zur Hölle machen können.

Also: Nimm die Situation ernst und pass gut auf dich auf. Du brauchst dringend entweder einen anderen Job – oder ein besseres Ventil für deinen Stress. Mein Psychohack gibt dir die Möglichkeit, deine innere Anspannung bewusst loszuwerden und deine Gefühle souverän zu steuern.

Psychohack: Der Schrei-Baum

Der Psychohack ist ganz einfach: Wenn du das nächste Mal schrottgenervt von der Arbeit auf dem Heimweg bist, lege einen kurzen Zwischenstopp an einem Waldstück oder Park ein. Dann suchst du dir an einer einsamen, unbeobachteten Stelle einen Baum. An diesem Baum lässt du deine Wut und deinen Stress raus, indem du ihn lauthals anschreist und notfalls dem Baum auch eine scheuerst. Keine Sorge: Der Baum hält das aus. Wichtig für dich ist, dass du die Begegnung mit dem Baum als Stressventil nutzt. Lass alles raus! Du wirst schnell spüren, wie gut das tut.

Wenn du im Homeoffice gestresst bist und kein Baum in der Nähe ist: Nimm dir ein großes Kissen, geh in einen Raum, in dem du für dich bist, und schrei alles in dieses Kissen rein. Und wenn dir das beides ein bisschen zu »psycho« ist, gibt es noch eine Alternative: lautes Singen im Auto oder unter der Dusche! Hauptsache ist, dass du stimmlich richtig aufdrehst.

Der Hintergrund: Vor allem introvertierte und sensible Menschen schlucken oft alle negativen Emotionen einfach runter. Dabei entsteht ein doppeltes Problem: Emotionen, die wir in uns hineinfressen, fressen uns auf Dauer von innen auf. Wir werden entweder psychisch oder physisch krank. Aus der Sicht vieler Mediziner ist ein Großteil unserer Erkrankungen psychosomatischer Natur. Ob Rückenschmerzen,

Bluthochdruck, Potenzprobleme, Magengeschwüre oder Migräne: Fast alles lässt sich auch auf seelische Belastungen zurückführen.

In einem Radiointerview wurde ich mal gefragt, ob diese Schrei-Baum-Methode nicht ausschließlich das Symptom behandle, anstatt sich um die tatsächliche Ursache zu kümmern. Zur Überraschung des Moderators habe ich seine Frage mit einem lachenden »Selbstverständlich!« beantwortet. Und das dann direkt erklärt: Um die Ursachen unserer Probleme anschauen und behandeln zu können, ist es zwingend notwendig, dass wir uns emotional stabilisieren. Wer wütend oder gestresst ist, wird sich niemals seinen psychologischen »Leichen im Keller« stellen können. Deshalb: zuerst weg mit den akuten Symptomen.

Also, auf geht's! Such dir einen Schrei-Baum oder deinen ganz persönlichen Weg, deine Gefühle bewusst wahrzunehmen und zu managen, indem du dem Stress ein Ventil gibst. Nimm das Steuer deines Lebens selbst in die Hand, statt Opfer der Umstände zu sein. Und dann kümmere dich um die Ursachen deines Stresses – und denke über Wege nach, etwas zu verändern: in der Firma oder durch einen Jobwechsel. Oder durch Arbeit an dir selbst, etwa durch Sport, Yoga oder Meditation.

»Und der Ohrfeigen-Oscar geht an …«

Wie du dich selbst unter Kontrolle behältst

Viele werden sich noch erinnern, wie Will Smith während der Oscar-Verleihung im März 2022 dem Conferencier Chris Rock einen Schlag ins Gesicht versetzte, nachdem der einen geschmacklosen Witz über Smiths Frau Jada Pinkett gemacht hatte. Es hagelte danach zwar Kritik, aber nicht wenige äußerten damals auch Sympathie oder zumindest Verständnis für Smith. Geschah dem unverschämten Comedian doch ganz recht, oder? Und viele meinten, sie würden in einer vergleichbaren Situation ähnlich handeln – oder hätten es sogar schon mal getan. Ist ja auf den ersten Blick auch nachvollziehbar. Man fühlt sich im Recht. Und hat oft genug im Kino gesehen, wie der Held die Ehre einer Frau durch einen gekonnten Fausthieb wieder hergestellt hat.

Aber die Realität ist anders als Hollywood. Was ein Schlag ins Gesicht vor versammeltem Publikum bedeutet, kann man nur ermessen, wenn man selbst schon mal einen einstecken musste. Erst dann wird einem bewusst, welche massive Demütigung er darstellt. Ein Schlag überschreitet alle Grenzen. Er kann das Opfer nicht nur physisch verletzen, sondern er raubt ihm die Würde. Eine verbale Attacke kann schmerzen – aber darauf mit körperlicher Gewalt zu reagieren, ist immer unverhältnismäßig. Durch den Schlag setzt du dich ins Unrecht. Du wirst vom Ritter zum Schläger – vielleicht sogar in den Augen der Frau, die du verteidigen (und beeindrucken?) willst. Denn sie denkt vielleicht gerade: Wer aus Liebe schlägt, schlägt auch aus verletzter oder verzweifelter Liebe – das kann also auch mich selbst treffen. Außerdem: Woher weißt du, dass der andere nicht zurückschlägt und sich eine veritable Prügelei entwickelt? Und dass du dabei auch etwas einsteckst?

Was also kannst du tun, wenn du spürst, dass du gleich die Kontrolle über dich verlieren wirst – und du die Eskalation verhindern willst? Weil du nicht möchtest, dass Gewalt in den zivilisierten Alltag einbricht?

Psychohack: Deeskalations-Trio

Wenn du spürst, wie sich eine unkontrollierbare Wut und Aggression in dir breitmacht, und du merkst, dass du gleich explodieren wirst, bist du der Einzige, der die Situation entschärfen kann. Indem du sie verlässt. Dafür musst du wie ferngesteuert handeln – nach einem Schema, das du dir in Zeiten der Vernunft und der Ruhe eingeprägt hast.

Schritt 1. Steck die Fäuste in die Tasche und **atme ganz bewusst zehnmal tief ein und aus.** Egal, was um dich herum passiert. Ob dein Gegenüber weiterpöbelt, ob andere dich zur Gewalt auffordern: Du stehst da und atmest. Sonst nichts. Auch keine verbale Gegenreaktion – denn die ist das Vorspiel zur Schlägerei.

Schritt 2. Geh aus der Situation. Verlass den Raum oder den Ort. Entferne dich mit entschlossenem Schritt, aber ohne übermäßige Eile. Du rennst nicht vor dem anderen weg, sondern du bringst dich selbst aus der brisanten Zone, um dich und andere vor Unheil zu schützen. Wenn dich ein anderer Autofahrer aufgebracht belehren will, obwohl gar nichts passiert ist: Halt nicht an und steig aus, sondern lass die Scheiben oben und fahr weiter. Und schrei meinetwegen einmal laut in dein Auto, das dir in diesem Moment wie ein Käfig vorkommen mag. Aber es hat dich tatsächlich vor einer Affekthandlung beschützt, in der du dich wie ein wildes Tier benommen hättest. Sich aus einem hochkochenden Streit zu entfernen kann im äußersten Fall das Überleben sichern – deines und das des anderen. Und es verhindert auf jeden Fall Dinge, die dir später leidtun.

Schritt 3. Wenn du merkst, dass deine Wut sich auch nach ein paar Minuten nicht legt und du die ganze Zeit denkst: »Ich geh jetzt zurück und zimmere dem eine rein!«, musst du dich noch weiter runterkühlen – durch einen **Kälteschock.** Halte deine Hände unter kaltes Wasser oder steck sie in einen Sektkühler mit Eiswürfeln. Im Winter genügt es, ohne Jacke rauszugehen und dort ein paar Minuten runterzukommen.

Und wie beherrsche ich mich, wenn ich eigentlich jemandem einen richtig fiesen Spruch reindrücken möchte?

Psychohack: Hollywood mental

Manchmal sind wir wütend auf jemanden, durchaus auch aus gutem Grund. Wir würden diesem Menschen am liebsten ... Und genau das ist die Lösung: Spiel im Kopf durch, wie du als Reaktion auf die lustlose oder unverschämte Kellnerin oder den unfreundlichen Busfahrer einen schlagfertigen, nicht bösartigen Spruch raushaust. Genieß das Kopfkino – aber belass es dabei. Setz es nicht um. Schreib deiner pampigen Kollegin eine gepfefferte Mail – aber schick sie nicht ab. (Vor allem nicht sofort.) Denn sobald du dein Mütchen tatsächlich gekühlt hast durch einen Spruch oder eine scharfe Antwort, fühlst du dich schlecht. Wer weiß denn, warum die Frau so mies gelaunt war – vielleicht ist ihr Kind krank? Oder ihr Chef hat sie ungerecht behandelt? Und der Busfahrer hat vielleicht gerade seine exorbitante Heizkostenabrechnung bekommen und sorgt sich um die Finanzlage seiner Familie?

Indem du deine Reaktion ausschließlich virtuell auslebst, erfüllst du übrigens die Definition, die der Psychologe Viktor Frankl der Achtsamkeit gegeben hat: einen Puffer legen zwischen den Reiz und deine Reaktion. Also: Mal es dir aus – aber leb es nicht aus. Weil es sonst allen schlechter geht als vorher. Wenn du andere in Not versetzt, um deine eigene Unzufriedenheit zu verarbeiten, leidet ihr am Ende beide. Denn Frust, den man ablässt, ist nicht weg – er ist dann nur woanders.

Wenn es aber doch passiert ist, dass du die Beherrschung verloren und jemanden geschlagen oder extrem hart angegangen hast? Dann kommt es darauf an, dass du dir ehrlich bewusst machst, wen du alles wie stark geschädigt hast. Denn der Schock über deinen Übergriff trifft nicht nur dein Opfer, sondern auch alle, die dabei waren – und alle, die unter der Entwürdigung deines Gegenübers mitleiden. Erst wenn dir die Gesamtwirkung umfassend klar geworden ist, kannst du dich glaubhaft und überzeugend entschuldigen.

Die echte Entschuldigung

Zur Ehrenrettung von Will Smith darf man nicht verschweigen, dass er sich im Juli 2022 in einem Video aufrichtig für seinen Ausraster entschuldigt hat – nicht nur bei Chris Rock, sondern auch bei dessen Mutter und bei allen, die er durch den Schlag verletzt habe. Auch bei seiner eigenen Familie. Und bei jenen, die stets zu ihm aufgeschaut hätten. Nichts in ihm sei heute der Meinung, dass sein Verhalten gerechtfertigt gewesen sei. Und es sei allein seine Entscheidung gewesen, Chris Rock zu schlagen – seine Frau habe das in keiner Weise von ihm erwartet.

Mit seinem Video beschämte Smith übrigens nebenher all die Maulhelden, die ihn im März gefeiert hatten für seinen Schlag. Die Autorin Johanna Adorján hat diese Bitte um Vergebung als Musterbeispiel einer »guten Entschuldigung« gewürdigt. **Die ideale Entschuldigung** erfülle möglichst viele der folgenden sechs Bedingungen:

1. **Ausdruck des Bedauerns**
2. **Benennung des Fehlers**
3. **Übernahme der Verantwortung**
4. **Ausdruck von Reue**
5. **Angebot zur Wiedergutmachung**
6. **Bitte um Verzeihung**

Am wichtigsten sei die Übernahme der vollen Verantwortung. Und dies tat Will Smith. Er verzichtete sowohl auf Wehleidigkeit als auch auf jede Relativierung und Rechtfertigung. Denn genau das schwächt die Wirkung einer Entschuldigung nämlich enorm ab. Wer erklärt, dass er es »nicht so gemeint« habe, oder dem Opfer seiner Aggression eine Mitschuld gibt (»Ich bin provoziert worden und habe leider überreagiert«), der will Verständnis und Absolution, aber er übernimmt nicht die volle Verantwortung. Er zeigt, dass er das eigene Unrecht noch nicht ausreichend einsieht. Aber das ist das entscheidende Element einer glaubwürdigen Bitte um Verzeihung – das »Mea culpa! Ich habe verstanden, was dich verletzt hat, und es tut mir leid.« Man muss das eigene Unrecht fühlen – nur dann glaubt die Welt einem die Bitte um Verzeihung. Und nur dann glaubt man sie sich auch selbst.

»Mir graust schon jetzt vor Weihnachten …«

Wenn bei Familienfesten der immergleiche Streit ausbricht

Weihnachten, Ostern, Hochzeiten, runde Geburtstage – das sind diese schaurig-schönen Anlässe, bei denen die erweiterte Familie zusammenkommt. Also drei bis vier Generationen. Das kann sehr harmonisch sein – zumal sich genau das ja alle vorher wünschen. Aber da sitzt eben auch die Oma am Tisch, die es als Misstrauensvotum für ihre Lebensleistung betrachtet, dass ihre Kinder in der Erziehung der Enkel manches anders machen als sie selbst damals. Da sitzen zerstrittene Geschwister und verschwägerte Feindinnen. Da sitzt der ewig wütende Onkel, der ständig auf »die da oben« wettert und Verschwörungsunsinn von sich gibt. Da sitzt die Tante, die ständig und in allen Details von ihren Krankheiten und Operationen berichtet. Da sitzt der verschrobene Schwager, der seinen öden Berufsalltag als Finanzberater für das einzig interessante Gesprächsthema hält. Da sitzt der pubertierende Sohn, der altersbedingt nicht einsieht, dass sich jeder ein wenig zurücknehmen muss in seinen Bedürfnissen. Da es das Haus der Großeltern ist, hat sich auch seine Mutter wieder in ein unreifes, bockiges Kind verwandelt. Und irgendwann stellt garantiert jemand die Frage »Und? Wann kommt endlich Nachwuchs?« und löst damit Geschrei und Tränen aus. Und so weiter und so weiter. In der Regel braucht es nur ein achtlos fallen gelassenes (oder gezielt gesetztes) Stichwort, das jemand anderen triggert – und schon sitzt der Streitexpress fest im Gleis, nimmt immer schneller Fahrt auf und schafft es nicht mehr, die Richtung zu wechseln oder anzuhalten. Und am Ende fragen sich alle, wieso es wieder mal so aus dem Ruder gelaufen ist. Bevor sie dann mit süß-saurem Lächeln sagen: »Also, bis zum nächsten Mal!«

Aber das muss doch nicht ewig so weitergehen, oder? Streitlust verdirbt den Appetit. Wie also kann man aus dieser traurigen Routine ausbrechen? Und wie kannst du selbst verhindern, in immer dieselben Triggerfallen zu tappen? Dazu zwei Ideen:

Psychohack: Das Psychodinner

Du kennst es vielleicht aus amerikanischen Filmen, bei denen das Hochzeitsessen vorher geprobt wird: das Rehearsal-Dinner. Veranstalte ein »Übungs-Abendessen« mit Freunden, die die Rollen der triggernden Verwandtschaft übernehmen – um dein eigenes Verhalten in diesen Konflikten zu trainieren. Wie komme ich aus den Mustern raus? Wo liegen meine Schwächen? Wo ist der Punkt, an dem die Konflikte mit dem Schwiegervater immer eskalieren? Wo hätte ich anders abbiegen müssen? Ihr werdet merken: Die Rollen und ihre Dynamiken verselbstständigen sich nach wenigen Minuten. Es werden die Fetzen fliegen – obwohl niemand der Freunde deinen Schwager kennt. Wichtig ist, dass einer der Freunde nicht mitspielt, sondern die Rolle des außenstehenden Beobachters übernimmt. Er muss danach beurteilen, wo es angefangen hat, schiefzulaufen.

Die Idee, ein geselliges Familienessen zu proben, mag erst mal merkwürdig wirken. Aber so wie man beim Sport an seinen Schwächen arbeitet, sollte man es bei der Kommunikation auch. So bist du auf alle Gesprächsthemen und Aussagen vorbereitet und kannst im Ernstfall viel entspannter damit umgehen. Aber Achtung: Die Fragen, die beim Rehearsal-Dinner aufkommen, können durchaus ans Eingemachte gehen. Wie verlasse ich die Kinderrolle gegenüber meinen Eltern? Und will ich da wirklich raus und die Beziehung zu meinen Eltern weiterentwickeln? Oder will ich Mama und Papa lieber weiter auf ihrem Podest belassen und alte Themen nicht tiefer angehen? Wenn du auf Augenhöhe mit deinen Eltern sprechen möchtest, bringt das auch immer alte Konflikte auf den Tisch, die aufgearbeitet werden wollen. Wenn du dir dieser Konflikte dann bewusst wirst und sie angehen möchtest, tu das – aber das Familien-Festessen zu Ostern ist dafür nicht der richtige Rahmen. Nimm dir vor, zu einem geeigneten Zeitpunkt das Gespräch unter vier beziehungsweise sechs Augen zu suchen. Wenn du aber weiter der/die Kleine sein möchtest, der/die im Elternhaus umsorgt wird, dann wird sich eure Kommunikationsbasis auch nicht ändern – und du solltest übergriffige Äußerungen auch im Erwachsenenalter akzeptieren und beim Festessen einfach runterschlucken. It's up to you.

Psychohack: Der Zitatenschatz

Arbeite mit einer höheren Autorität. Wenn du weißt, dass jemand mit am Tisch sitzt, der gern die ganze Runde sprengt mit Querdenkerthemen, Krankheitsgeschichten oder – zwischen der Garnele und dem Champagnerschluck – pseudorevolutionären Anklagen gegen jeden Wohlstand: Stell dich zu Beginn des Essens mit einem Buch oder einem Familienalbum in der Hand ans Tischende und tu so, als läsest du daraus ein Zitat vor. Dieser Ausspruch kann frei erfunden sein. Er muss nur (angeblich) von einer Person stammen, von der du weißt, dass der Betreffende sie respektiert. Hier ein Beispiel: »Unsere Großtante sagte zu Beginn von Familienessen immer: ›Heute wollen wir gemütlich und friedlich zusammensitzen. Deshalb gilt die Regel: keine Gespräche über

Politik, über Krankheiten und über Geld.‹ Ihr zuliebe wollen wir das heute genauso halten.«

Wenn du selbst nicht herauskommst aus deiner festgelegten Rolle in den immer wieder auftretenden Krächen bei Familienfesten oder dir selbst riesigen Druck machst mit deinen Erwartungen an dich selbst, kann ein etwas aufwendigeres Mittel helfen. Weihnachten ist dafür eine ideale Gelegenheit.

Psychohack: Das Adventsmantra

Du willst, dass es das beste Weihnachten aller Zeiten wird und du diesmal einfach völlig entspannt bleibst? Wie für alle mit Erwartungen überfrachteten oder stressigen Zeiten kannst du dir auch für die Vorbereitung des Weihnachtsfests ein ganz einfaches Mantra an den Kühlschrank pinnen:

1. **Zulassen**
2. **Loslassen**
3. **Weglassen**

Nummer 1 bedeutet: **Versuch nicht, die aktuelle Situation zu verdrängen.** Opa ist melancholisch, weil es das erste Weihnachten ohne Oma ist? Dann gehört das dazu. Deine Tochter hat Liebeskummer? Dann ist das so, und alle wissen es. Dein Bruder und seine Familie leben jetzt vegan (und reden viel und gern darüber), was das Weihnachtsmenü komplizierter und vielleicht auch weniger unbekümmert macht? Mach das Beste draus! Du lernst ein neues, veganes Gericht zuzubereiten, und ihr werdet angeregt durch die neuen Gedanken über unsere Ernährung.

Nummer 2 heißt: **Lass überzogene Erwartungen los.** Dein erstes veganes Weihnachtsgericht muss nicht gleich für drei Sterne reichen. Du hast dir Mühe gegeben – das zählt und zeugt von Liebe und Respekt. Und muss alles die ganze Zeit harmonisch sein? Das ist unrealistisch – und vor allem liegt es nicht in deiner Hand. Dasselbe gilt für die Geschenke. Ob jeder mag, was du für ihn ausgesucht hast, kannst du vorher nicht wissen. Und ebenso wenig, ob jemand deinen größten geheimen Wunsch erahnt hat. Es wird nicht alles laufen wie geplant – also genieß, was möglich ist, und nimm hin, was sich anders entwickelt.

Nummer 3: **Soweit du es beeinflussen kannst, wirke darauf hin, dass Streitpunkte und negative Themen bewusst weggelassen werden.** Niemand kann der Tochter verdenken, dass sie traurig ist – aber sie muss nicht die Stimmung des ganzen Abends damit dominieren. Dasselbe gilt für die neue Ernährungsreligion deines Bruders. Oder die politischen Steckenpferde deines Onkels. Und die Krankengeschichten seiner Frau. Gehe auf das Besagte einfach so wenig wie möglich ein und versuche immer wieder positive Gesprächsthemen einzubringen. Und ein Gesellschaftsspiel könnte doch auch mal eine Abwechslung sein zu den immer gleichen Diskussionen: vorher am besten Verbündete für die Idee suchen und dann einfach loslegen!

Psychohack: Wilder Sex

Ungewöhnlich, oder? Aber wirkungsvoll. Was gemeint ist: In eine Situation, von der du weißt oder ahnst, dass sie jede Menge Triggermomente für dich bereithält, solltest du niemals gestresst gehen, sondern immer maximal entspannt. Deshalb gönn dir vor dem Familientreffen etwas Gutes. Das kann ein Saunatag sein, eine schöne Wanderung – oder eben guter Sex. Was immer dir guttut. Dann reist du in guter Stimmung an und bist nicht zu empfindlich gegenüber den üblichen Spitzen von Onkel Alfred.

Und das führt uns direkt zum letzten Hack zu diesem Thema:

Psychohack: Das Liebe-Liebe-Liebe-Mantra

Mit diesem Hack bringst du dich selbst immer wieder runter, wenn dein Blutdruck steigt. Egal ob dich der Anblick einer Person triggert, ihre Stimme, ihr Parfüm oder eine Äußerung: Konzentriere dich intensiv auf die ständige stumme Wiederholung des Worts »Liebe«. Damit blockierst du den Negativimpuls durch einen positiven Gegenreiz und trickst dein Gehirn aus. Du redest dir ein, dass du die Person, die dich gerade auf die Palme zu bringen versucht, innig liebst – um deinetwillen und für den Familienfrieden. Also: Umarme die Situation mit entwaffnender, naiver, bedingungsloser Liebe. Auf der Fahrt nach Hause kannst du dann kurz an einem Schrei-Baum halten und alles rauslassen.

»Sagen Sie jetzt nichts!«

Wie man Toilettenfehler und Fashion Fails diskret behandelt

Das kennt jeder: Du kannst dich kaum noch auf das Gespräch konzentrieren, weil dein Gegenüber nicht bemerkt hat, dass ihm ein Krümel des Brötchens im Mundwinkel hängt. Oder vom Mittagessen etwas Grünes übrig geblieben ist, das nun am Schneidezahn prangt. Es kann auch der offene Hosenstall sein, der dich irritiert. Oder die Haarsträhne, die sich gelöst hat aus der Frisur und unbeabsichtigt herumbaumelt. Oder dass ein Hemdkragen im Pullover steckt und der andere rausschaut. Der altmodische Begriff für so etwas lautet »Toilettenfehler«, wobei »Toilette« nicht für das Klo steht, sondern für die Kleidung, die Frisur und die Schminke, also generell den Teil der äußeren Erscheinung, den man beeinflussen kann und für dessen Herrichtung man sich diskret zurückzieht – eben in der Regel auf die Toilette.

Ebenso irritierend wirkt auf manche ein neues Kleidungsstück oder eine Farbkombination, die sie vollständig geschmacklos finden und die ihnen geradezu Augenschmerzen bereitet.

Die große Frage in solchen Fällen lautet: »Sag ich was?« Und in Zeiten der erhöhten Sensibilität für »Übergriffigkeit« sind viele noch unsicherer als früher, ob und wie man jemanden auf so etwas hinweist. Erst recht stellt sich diese Frage, wenn der betreffende Mensch möglicherweise gerade im Begriff ist, ans Rednerpult zu treten oder eine Präsentation zu halten, sodass der irritierende Lapsus für ein größeres Publikum sichtbar würde.

Im Wesentlichen begegnen mir zwei mögliche Antworten auf diese Frage. Die erste lautet: »Natürlich sag ich was! Ist doch klar! Erstens stört es mich und zweitens wird es ihm noch viel peinlicher sein, wenn er nachträglich entdeckt, dass er die ganze Zeit diesen Spinatfetzen am Zahn hatte.« Und die andere lautet: »Würd ich mich nie trauen, was zu sagen. Wäre mir viel zu peinlich.«

Warum die Antwort komplizierter ist, als du denkst? Weil es nicht nur darauf ankommt, *ob* man etwas sagt, sondern auch, *wer* etwas sagt. Genauer: aus welcher Position er oder sie spricht. Und jetzt wird es paradox. Wenn du zur »Ist doch klar, dass ich was sage«-Fraktion gehörst, bist du wahrscheinlich mit dem gesunden Selbstbewusstsein des Alphamännchens ausgestattet. Dir ist nicht bange vor diesem kurzen Moment der Peinlichkeit, und du würdest dir schließlich wünschen, dass dir auch jemand Bescheid sagt, bevor du mit offenem Hosenstall zur Chefin reingehst. Und damit ist die Wahrscheinlichkeit, dass die Person dich als »höherstehend« wahrnimmt, relativ groß. Was bedeutet: Die Situation, die du in Sekunden wieder vergisst, kann sie erheblich verunsichern und völlig aus dem mühsam erkämpften Gleichgewicht bringen. Eventuell verhagelt das die Präsentation viel stärker als die falsch geknöpfte Bluse. Was du dir überhaupt nicht vorstellen kannst, weil du vor einer Präsentation keine hektischen Flecken im Gesicht hast, sondern recht locker in die Situation hineingehst. Und umgekehrt: Wenn du zur Gruppe »Ich würde nie was sagen« gehörst, wenn du zurückhaltend bist und dir Dinge schnell peinlich sind, dann wärst du eigentlich die ideale Person, die etwas sagen sollte. Weil du nicht aus einem »Hochstatus« heraus sprichst, könnte das Gegenüber es viel besser annehmen. Verrückt, oder? Und was machen wir jetzt damit?

Psychohack: Mach dich klein!

Wenn du ein gutes Selbstbewusstsein hast, solltest du dir darüber bewusst sein, dass der Hinweis auf einen Toilettenfehler jemanden viel stärker verunsichern kann, als du es dir vorstellen kannst. Da aber oft ein guter Grund dafür spricht, jemanden nicht ins offene Messer laufen zu lassen (und hinterher vielleicht die fassungslose Frage zu hören: »Wieso hast du denn nichts *gesagt*?!«), solltest du dich selbst aus der Überlegenheitsposition rausnehmen und dich bewusst »kleiner« machen. Zum Beispiel, indem du das Problem zu dir selbst verlagerst: »Du, ich hab da eine Marotte, dass mich so Kleinigkeiten stören. Könntest du diesen Krümel aus deinem Mundwinkel wischen? Ich bin da einfach komisch.« Das macht es weitaus leichter, deine Hilfe anzunehmen. Denn viele kommen nur schwer damit klar, aus einem »Hochstatus« auf einen Fehler hingewiesen zu werden – auch wenn es in bester Absicht und zu ihrem Nutzen geschieht. Die Augenhöhe geht dann verloren und sie fühlen sich klein, unterlegen und reduziert in ihrem Selbstwert.

Und wenn du ein eher zurückhaltender Mensch bist: Nimm deinen Mut zusammen und sag was! Du triffst von selbst den richtigen Ton, und dein Gegenüber wird dir dankbar sein.

Wichtig: Man sollte von sich aus nur Dinge ansprechen, die sich ganz schnell korrigieren lassen. Für die Brille oder die Wahl eines Kleidungsstücks gilt das nicht. Deshalb musst du bei (vermeintlichen) Mode-Fails erst einmal herausfinden, ob dein Gegenüber deine Meinung überhaupt hören möchte. Das gelingt am besten hiermit:

Psychohack: Sizilianische Spiegeltechnik

Um eine unangenehme Wahrheit auszusprechen, ohne deine Freundin zu verletzen oder übergriffig zu sein, musst du eine Brücke bauen: indem du zuerst einmal ein Feedback von ihr erbittest, um danach eventuell (!) welches geben zu können. Du platzt also nicht heraus mit dem Satz: »Deine neue Bluse ist leider unmöglich«, sondern du fragst: »Wie findest du eigentlich meine Bluse?« Und dann wartest du ab, ob und was sie antwortet – und vor allem: ob sie die Brücke betritt und die »Spiegelfrage« stellt: »Und wie findest du meine? Ganz ehrlich?« Dann kannst du deine Meinung sagen. Aber wenn die Gegenfrage nicht kommt, behalte dein Urteil einfach für dich. Ist ja sowieso Geschmackssache.

»Und das nennst du Erziehung?!«

Wenn Eltern unterschiedlicher Meinung sind

Als kleine Kinder glaubten wir ja, dass es in jeder Familie so zugehe wie bei uns zu Hause. Das war für uns das Normale, praktisch die einzig denkbare Welt. Später, als wir begannen, Freunde zu besuchen, verstanden wir, dass es ganz verschiedene Familien gibt, mit unterschiedlichen Regeln, Ritualen und Kulturen. Die einen beten vor dem Essen oder sprechen gemeinsam einen Spruch und beginnen dann alle gemeinsam – bei den anderen mampft jeder los, sobald der Teller voll ist, und verschwindet dann in sein Zimmer, sobald der Teller leer ist. Die einen essen überwiegend schweigend, die anderen führen lebhafte Gespräche, bei wieder anderen wird bei Tisch regelmäßig gestritten und bei den vierten läuft während der Mahlzeit die Glotze. Bei manchen wird streng und traditionell erzogen, andere lassen den Kindern die ganz lange Leine. Die einen versuchen bewusst, möglichst wenig Unterschiede zwischen Jungen und Mädchen zu machen, die anderen halten fest an alten Rollen und dem Blau-Rosa-Schema. Die einen bestrafen schlechte Schulnoten, die anderen belohnen gute. Und so weiter und so weiter.

Und obwohl wir diese Vielfalt meist faszinierend fanden, fallen wir, wenn wir selbst Kinder bekommen, in gewisser Weise zurück in das Kleinkinddenken: Erziehung, das geht so, wie meine Eltern es mit mir gemacht haben. Das Problem: Es sind meist zwei Eltern, die auf das Kind schauen – und die Wahrscheinlichkeit ist hoch, dass sie nicht mit genau derselben

Erziehungsphilosophie aufgewachsen sind. Sprich: Darüber, was Erziehung genau bedeutet und was in welcher Situation richtig ist, ist der Partner oder die Partnerin manchmal verblüffenderweise anderer Ansicht als man selbst. Da empfiehlt dann die Mama angesichts des aggressiv-bockigen Kindes, das ständig heftig um sich schlägt, plötzlich entnervt: »Hau doch mal zurück!«, worauf der Vater entgeistert erwidert: »Niemals wird geschlagen!«

Wie geht man mit unterschiedlichen Ansichten zur Erziehung um?

Psychohack: Das Erziehungsdate

Ganz generell ist es bei Konflikten ein häufiger Fehler, dass wir versuchen, sie in dem Moment zu besprechen und zu lösen, in dem sie akut auftreten. So auch bei Meinungsverschiedenheiten zu Erziehungsfragen. Der vorwurfsvolle Satz »Wir ziehen nicht an einem Strang« fällt meistens im Zuge eines Streits, etwa über den richtigen Umgang mit Süßigkeiten oder Daddelzeiten. Oder zum Thema »Die Kinder müssen jetzt ins Bett«. Das geht fast immer schief, weil alle viel zu angespannt und zugleich abgelenkt sind – und auch kurz danach will jeder nur seine Position verteidigen. Außerdem sollte man Erziehungsfragen niemals vor den Kindern diskutieren. Das bewirkt nur, dass diese erstens verunsichert sind bezüglich eurer Autorität als Eltern und sich zweitens eingeladen fühlen, euch künftig gegeneinander auszuspielen. Und für die Eltern birgt die Verhandlung in Anwesenheit des Nachwuchses die Versuchung, das Kind zu instrumentalisieren, mit Sätzen wie: »Du findest doch auch, dass Eis auch im Winter lecker ist, oder?«

Natürlich dürfen Erwachsene sich vor den Kindern streiten, etwa über Haushaltsfragen – aber Elterngespräche sind Elterngespräche. Dem Partner vor dem Kind in einer Erziehungsfrage zu widersprechen, schwächt auf dreifache Weise: Die Autorität des anderen Elternteils wird untergraben, du selbst gerätst in eine ungute Position, weil du dich zwischen die Fronten begeben hast und der Erziehungserfolg beim Kind bleibt in der Regel aus. Deshalb solltest du es immer erst hinterher ansprechen, wenn du anderer Meinung bist: »Du, ich hab das vorhin ganz anders wahrgenommen als du.« Die einzige Ausnahme von dieser Regel ist: Wenn ein Elternteil so außer sich ist, dass dem Kind Gefahr droht oder es akute Angst bekommt – dann darf und muss das besonnenere Elternteil eingreifen.

Zudem solltest du immer bedenken: Deine eigene Wahrheit ist nicht die objektive Wahrheit. Und: Du bist mit diesem Menschen zusammen, weil du diese andere Facette in deinem Leben haben wolltest und willst. Die Unterschiede zwischen euch, eure verschiedenen Erfahrungen und Prägungen, sind eine Bereicherung – auch für das Kind.

Damit zwischen dem Auslöser der Meinungsverschiedenheit und deren Besprechung ein zeitlicher Puffer liegt, empfiehlt sich das monatliche Erziehungsdate: Verabredet euch mindestens einmal im Monat, um euch in entspannter Atmosphäre über die Kinder und über Erziehungsfragen auszutauschen. Am besten führt ihr dieses Gespräch in einem Restaurant – da bekommt ihr etwas Gutes für die Seele, seid nicht durchs Selberkochen abgelenkt und habt einen Rahmen, in dem die Emotionen nicht so schnell hochkochen und der Austausch stressfreier stattfinden kann. Aber auch ein Spaziergang kann ein gutes Setting sein.

Und wie steigt man ein in ein solches Gespräch? Bitte auf keinen Fall mit einer Attacke à la: »Das wollte ich immer schon mal loswerden.«

Hier drei Psychohacks für einen guten Verlauf:

1. **Beginnt das Erziehungsdate damit, dass jeder drei Dinge nennt, die der andere in der Erziehung gut macht.** Damit

er/sie merkt, dass gesehen wird, was er/sie tut und leistet. Das ist sowohl gegenüber dem Elternteil wichtig, das die meiste und anstrengendste Zeit mit den Kindern verbringt, als auch gegenüber demjenigen, das arbeitsbedingt oft abwesend ist. Beiden tut eine wertschätzende Atmosphäre gut.

2. **Besprecht eine bestimmte Situation, und zwar möglichst konkret** – damit keine Verallgemeinerungen passieren wie »Du reagierst *immer* so und so«.
3. **Verabredet euch vorher, dass ihr eine gemeinsame Lösung und den besten Weg für das Kind finden wollt, statt einen Sieger und einen Verlierer zu ermitteln.** Es geht hier nicht um euch selbst und euren Selbstwert, sondern um eure gemeinsamen Kinder, für die ihr zusammen die Verantwortung übernommen habt.

Selbst wenn ihr nicht immer eine Lösung finden werdet, schafft ihr durch solche regelmäßigen Erziehungsdates Transparenz. Und idealerweise kommt ihr zur Erkenntnis, dass das Kind von den Unterschieden profitiert und etwas mitnimmt fürs Leben – ja, sowohl von einem chaotisch-kreativen, einem strengen oder teilzeit-verrückten Vater als auch von einer organisiert-zwanghaften, einer heldenhaft starken oder supersensiblen Mutter.

Psychohack: Rechtzeitig reden!

Ein kleiner Hinweis noch für diejenigen, die noch keine Kinder haben: Die amerikanischen Verhaltenstherapeuten John und Julia Gottman empfehlen in ihrem Buch *Eight Dates* (deutsch: *Acht Gespräche, die jedes Paar führen sollte*), dass angehende Partner sich in einem bestimmten Setting, in einer guten Form und konzentriert auf das Gespräch über einige grundsätzliche Dinge austauschen und verständigen sollten – wozu selbstverständlich auch das Thema Kindererziehung gehört. Gerade wenn sich zeigt, dass es in wesentlichen Fragen wie Autonomie, Strafe und Gehorsam gegensätzliche Überzeugungen gibt, ist es gut, wenn diese bearbeitet und geklärt werden, bevor man gemeinsam Kinder in die Welt setzt.

»Sag mal, geht's noch?!«

Wie man auf unverschämte Menschen reagiert

Manchmal verhalten Menschen sich in einer Weise rücksichtslos und egoistisch, dass man einfach nur sprachlos ist. Sie lärmen mit Genuss zu Zeiten und an Orten, an denen andere Menschen auf Ruhe angewiesen sind. Sie ziehen mit maßlosen Beschimpfungen über Leute her, die nur ihre Arbeit tun und Anweisungen ausführen. Sie rasen mit 80 km/h durch eine Wohnstraße. Sie filmen aus Voyeurismus Unglücksfälle und halten es für ihr Grundrecht, dabei die Rettungskräfte zu behindern. Sie drängeln sich gnadenlos an einer langen und diszipliniert wartenden Schlange vorbei und stellen sich rotzfrech ganz nach vorn. Sie verletzen bewusst alle Spielregeln, die das Zusammenleben in einer Gesellschaft erst möglich machen – und verlassen sich völlig darauf, dass sich nicht alle so unverschämt verhalten.

Du kennst das. Und auch dieses frustrierende Gefühl, nicht zu wissen, wie du reagieren sollst. Meist strahlen solche Menschen eine gewisse Aggressivität aus – auf einen Streit magst du dich mit ihnen nicht einlassen. Auch schlagfertige, coole Sprüche bringen selten etwas außer einer Eskalationsgefahr. Aber ihr Verhalten einfach unkommentiert durchgehen lassen willst du auch nicht – das verträgt sich schlecht mit deiner Selbstachtung.

Hier ist ein Weg, der manchmal eine Wirkung zeigt.

Psychohack: Die So-so-Methode

Unverschämte und aggressive Menschen muss man entwaffnen – und zwar durch Freundlichkeit. Also atme mehrmals tief ein und setze dein nettestes Lächeln auf. Es mag dir schwerfallen, weil du stinksauer bist – aber sieh es einfach als Waffe. Dann gelingt es. Bring dich in eine Stimmung maximaler Gelassenheit. Du willst diese Person nicht mehr mit deiner Aufmerksamkeit beschenken als unbedingt nötig. Und du bist auch nicht verantwortlich dafür, ihr Verhalten zu unterbinden. Das ist Aufgabe der Kassiererin, des Ordnungsamts, der Polizei oder von wem auch immer. Also sei nicht der Sheriff und nicht der Klassensprecher. Oft sagt nämlich die Art, wie wir uns aufregen, mehr über uns aus als über den anderen. Wenn du in deinem gelassenen Lächeln angekommen bist, sagst du einfach nur halblaut, sodass er oder sie es hören kann: »So, so!« Mehr nicht. Der Vordrängler wird dann vielleicht tatsächlich innehalten und sich wieder hinten anstellen. Oder wenigstens rot werden, einen entschuldigenden Satz murmeln und machen, dass er wegkommt. Vielen solcher Menschen wird es jedoch egal sein – aber diese emotionalen Analphabeten hättest du sowieso mit nichts erreicht und du solltest auch keine weiteren Mühen an sie verschwenden.

Eventuell legst du auch einen kleinen zeitlichen Puffer zwischen die unverschämte Aktion und deine Reaktion. Den Kassenvordrängler etwa kannst du auf dem Supermarktparkplatz ansprechen statt in der allgemeinen Erregung direkt in der Schlange. Wenn er sein Auto belädt, kannst du hingehen und ihn freundlich und lächelnd ansprechen, etwa mit dem Satz: »Ich vermute, Sie sind gerade enorm unter Zeitdruck, aber das Vordrängeln eben war wirklich nicht sehr cool.« Das Siezen ist wichtig. Du zeigst den Respekt, den er dir und allen anderen verweigert hat. Und dann lächelst du wieder ganz freundlich, sagst höflich »Auf Wiedersehen«, drehst ihm den Rücken zu und gehst gelassen zu deinem Auto. Was er dir eventuell hinterherruft, interessiert dich nicht. Für dich ist diese Situation ab jetzt Geschichte.

Es gibt aber selbstredend auch Menschen, mit denen du auch im Nachhinein keinen Kontakt suchen solltest. Deine Lebenserfahrung wird dir sagen, wer so richtig auf Krawall gebürstet ist, dass er nur darauf wartet, angesprochen zu werden, um einen Streit oder gar eine Schlägerei zu beginnen: Solche schwachen Menschen ignorierst du einfach komplett. Sie kommen manchmal vor im Leben, wie ein Gewitterschauer, der einen überrascht – aber du, als der oder die Klügere, gibst hier einfach nach.

Übrigens bin ich durch ein Gespräch mit meiner Kollegin Sabine Altena auf diesen Psychohack gekommen. Danke für die Inspiration, liebe Sabine.

»Wieso die und nicht ich?«

Wie man mit Neid umgeht – dem eigenen und dem der anderen

Es soll Menschen geben, die in solcher Fülle und Gelassenheit leben, dass sie niemals Neid empfinden. Ich gehöre leider nicht dazu. Ich kenne diesen kleinen Stich, wenn jemand mir sein Haus zeigt, das weitaus größer ist als jede Behausung, in der ich jemals gewohnt habe und wohnen werde. Wenn jemand von seiner fetten Jahresprämie erzählt. Wenn die Nachbarn, die gerade von einem vierwöchigen Malediven-Trip zurückgekommen sind, schon wieder die Koffer packen und »Fotosafari in Namibia!« übern Zaun rufen.

Als Psychologe weiß ich, dass es zweierlei Arten von Neid gibt. Der konstruktive Neid verwandelt sich in einen Ansporn. Der Mitschüler hält ein brillantes Referat und erntet Bewunderung, Anerkennung und eine Eins? Das will ich beim nächsten Mal auch schaffen! Der Nachbar erzählt Faszinierendes von der Safari? Ich nehme mir vor, das einmal im Leben selbst zu tun – koste es, was es wolle. Diesen konstruktiven Neid findet man vor allem bei Menschen, die ihre Selbstwirksamkeit als hoch einschätzen. Sie trauen sich zu, etwas aus dem Ansporn zu machen.

Aber es gibt auch den »destruktiven Neid«, der oft mit einem geringen Selbstwertgefühl einhergeht. Wer auf diese Art neidisch ist, wertet den anderen ab – und sich selbst gleich mit. Innerlich sagt eine Stimme: »Das hat der Glückspilz doch gar nicht verdient! ... Aber ich dann wohl erst recht nicht.« Wer auf diese Art neidisch ist, empfindet einen Mangel bei sich selbst. Das kann sich auf Fähigkeiten beziehen – Musikalität, Zeichnen, Formulieren, Tischlern – oder auf materielle Güter: Wieso haben die einen Pool, den ich mir niemals leisten könnte?

Auch der Neid beruht natürlich auf dem Prinzip des Sich-Vergleichens. Man kann es schon bei Kleinkindern beobachten, die ein Spielzeug stundenlang unbeachtet lassen – bis ein anderes Kind damit spielt. Dann ist es plötzlich »Meins!«. Aber auch bei Erwachsenen führt das Vergleichen zu kuriosen Ergebnissen. In einer Studie konnten die Teilnehmer:innen zwischen zwei Varianten wählen. Erste Möglichkeit: Jeder bekommt zehn Euro geschenkt. Zweite Möglichkeit: Die Hälfte der Proband:innen bekommt zwanzig Euro geschenkt, die andere Hälfte hundert Euro. Fast alle Teilnehmer:innen entschieden sich für Variante 1. Sie verzichteten also auf mindestens zehn Euro – weil sie nicht ertragen hätten, dass jemand anderes aus reiner Willkür mehr bekommt als sie selbst. Fazit: Der Totengräber jeden Glücks ist das Sich-Vergleichen mit anderen. Permanenter Neid sorgt für ein permanentes Mangelerleben, für Frust, für Aggression und für irrationales Verhalten. Und deshalb muss man was dagegen tun. Hier mein Vorschlag:

Psychohack: Der Posaunenzug

Dein Nachbar ruft über den Zaun hinweg deinen Namen. Er und seine Familie haben Sektgläser in der Hand und stehen stolz neben dem nagelneuen, soeben fertig gebauten Pool. 25 × 6 Meter. Gerade wird er mit Wasser gefüllt. Sie winken dich heran. Du sollst mit ihnen anstoßen. Aber in dir wühlt der Neid. Tief im Magen spürst du, wie sehr du dir auch so etwas wünschst. Aber für dich ist nicht daran zu denken. So viel Geld hast du nicht. Was also tun?

Zuerst bringst du dich in eine positive, aufgeräumte Stimmung. Für den Posaunenzug müssen die Mundwinkel oben sein und niemals unten. Also winke und rufe ein fröhliches »Ich komme gleich!« hinüber. Dann laufe schnell ins Badezimmer und stell dich vor den Spiegel. Breite die Arme aus und stell dir vor, du wärst ein Showmaster, der eine große Halle zur Samstagabendshow begrüßt. Denk an die Freude, die du empfindest, wenn du deinen besten Freund triffst und ihr zusammen auf eine Bergtour geht. Denk an den großartigsten Moment deines schönsten Urlaubs. Du musst strahlen wie ein Kind, das unterm Weihnachtsbaum das langersehnte Schaukelpferd entdeckt. Jetzt bist du in der richtigen Stimmung, um hinüberzugehen. Dort angekommen, bestaunst du den Pool. Sieh ihn dir genau an in seiner Pracht und seinem Luxus. Was für eine Leistung, so einen Pool zu bauen – und ihn bezahlen zu können! Und dann schaust du die Nachbarn anerkennend an und sagst so laut wie eine Posaune: »Boah, was für ein toller Pool! Fantastisch! So was hätte ich auch gern! Glückwunsch!« Am besten stellst du direkt danach eine Frage zu einem Detail – zum Beispiel die Leistung der Pumpe, das Material der rutschfesten Fliesen oder so was. So löst sich die Situation in einem Gespräch auf. Doch deine Frage sollte nicht kritisch oder sauertöpfisch klingen, also den hohen Wasserverbrauch oder die Schädlichkeit von Chlor zum Thema haben – das wäre die unschöne Seite des Neids. Und du willst mit dem Posaunenzug ja einen positiven Umgang mit deinem Neid finden – und einen souveränen Eindruck machen.

Unser erster Reflex lautet: Neid ist ein negativ bewertetes Gefühl, weshalb wir ihn tunlichst für uns behalten sollten. Und wenn wir ihn in uns reinfressen und dabei grün und gelb werden. Aber das ist falsch. Denn ausgesprochener Neid kommt viel positiver rüber, als man denkt. Und er verliert seine destruktive Kraft durch die Ehrlichkeit und den offenen Umgang.

Den Satz »Boah, hast du ein tolles Auto. So eins hätte ich auch gern!« wird der Angesprochene zuallererst als Kompliment empfinden. Er enthält eine gute Portion Anerkennung: »Du hast etwas geschafft und kannst dir das jetzt leisten.« Der unausgesprochene, verkniffene Neid hingegen vermittelt: »Das hast du nicht verdient/Das gönne ich dir nicht.«

Indem man das verpönte Neidgefühl in einen positiv-anerkennenden Satz kleidet, fühlt man sich übrigens auch selbst besser. Und man wird frei, zu überlegen, ob man das eigentlich wirklich braucht und will. Ist so ein Porsche wirklich praktisch für eine vierköpfige Familie? Wie viel Benzin schluckt der und was tut der dem Klima an? Was kostet die Versicherung? Und würde ich damit nicht wie ein Angeber wirken? Und selbst wenn der Neid, den man ausspricht, nicht anerkennend rüberkommt, sondern doch eher zerknirscht, wirkt er reinigend. Weil einem das laut ausgesprochene, destruktive Gefühl dann selbst peinlich ist und man froh ist, es losgeworden zu sein.

Und was ist die richtige Reaktion, wenn du merkst, dass jemand dich beneidet?

Psychohack: Das Verdienstkreuz

Nehmen wir an, du bist der mit dem Pool. Oder mit dem Porsche. Oder mit der neuen Zweiundzwanzig-Meter-Jacht. Und du spürst, dass ein guter Freund seine Probleme hat mit deiner neuen Errungenschaft. Ihr habt zusammen studiert und hattet nach dem Examen scheinbar dieselben Startbedingungen – seine Abschlussnote war sogar etwas besser als deine. Aber das Erbe und die Beziehungen deiner Eltern haben dir einen Startvorteil verschafft. Außerdem hast du in entscheidenden Phasen der Karriere mal mehr Glück gehabt oder auch mehr Zähigkeit und Ehrgeiz an den Tag gelegt. Und so haben eure Lebensstile sich auseinanderentwickelt. Du bist so wohlhabend, dass du dir einen Porsche leisten kannst – er wohnt mit Frau und drei

Kindern in einer Vierzimmerwohnung an einer Ausfallstraße. Eurer Freundschaft tut das keinen Abbruch. Dir liegt so viel an ihm wie damals. Was also tun, wenn du seinen Schmerz über seine bescheidenen finanziellen Möglichkeiten spürst? Das Wichtigste am Verdienstkreuz-Hack: Nimm dich zurück! Trag nicht dick auf. Sondern freu dich einfach. Wobei »einfach« das Schlüsselwort ist. Der Neid deines Freundes bedeutet Anerkennung für dich. Du hast oder kannst etwas, das andere gut finden. Die Anerkennung kannst du dir wie ein Bundesverdienstkreuz ans Revers heften. Ein Bundesverdienstkreuz ist in seiner einfachsten Ausführung 3,8 Zentimeter hoch und drei Zentimeter breit. Es ist klein und unauffällig. Und wird auch nicht so selten vergeben, wie man denken könnte. Kein Grund, sich aufzuplustern also. Man trägt es zu bestimmten Gelegenheiten am Kragen, hält es aber niemandem ungefragt unter die Nase. Also: Freu dich still über deinen Erfolg, aber bade nicht im Neid der anderen. Mach kein großes Aufhebens und inszeniere deinen Erfolg nicht. Führe deine Freunde nicht vor, indem du immer dicker aufträgst und ein Foto deiner Jacht nach dem anderen zeigst. Natürlich musst du deine Freude nicht relativieren und herunterspielen oder gar ein schlechtes Gewissen haben. Aber wichtig ist das richtige Maß. Freu dich also ohne Häme – eher mit heiterer Gelassenheit. Mit dem bescheidenen kleinen Verdienstkreuz.

»Überfordere ich mein Kind?«

Wie man unnötigen Leistungsdruck in der Erziehung vermeidet

Die ernüchternde Antwort gleich zu Beginn: Wenn du dich selbst bereits fragst, ob du dein Kind überforderst, ist es ziemlich wahrscheinlich, dass die Antwort »Ja« lautet. Aber gleich hinterher kommt das Lob: Respekt dafür, dass du dir diese Frage überhaupt stellst. Viele Eltern beobachten weder sich noch ihr Kind so aufmerksam, dass sie auf die Idee kommen, diese Tatsache in Erwägung zu ziehen.

Unsere Kinder tragen eine gehörige Last an Erwartungen. Du beobachtest sicher selbst, dass Kinder für viele Eltern das wichtigste Projekt ihres Lebens sind. Auf ihnen ruhen permanent vier Augen. Sie sollen alle Chancen haben und auch nutzen. Sie lernen manchmal schon vor der Schule Geige, Fußball und drei Sprachen. Früher hieß es: Sie sollen es mal besser haben als wir. Heute, in Zeiten unsicherer Zukunftserwartungen, ist der bange Gedanke eher: Statten wir sie gut genug aus, damit sie einigermaßen durchkommen im Leben? Allerdings wird es spätestens dann problematisch, wenn Eltern Leistung wichtiger erscheint als Lebensglück. Dass Kinder glücklich sind und ein gutes Selbstwertgefühl haben, ist ein kostbarer Wert an sich. Dazu kommt, dass auch für den »Lebenserfolg« soziale Kompetenz und Zufriedenheit weitaus wichtiger sind als Schulnoten.

Manche Eltern wollen unbewusst eigene Versäumnisse und verpasste Karrieren kompensieren, indem sie ihr Kind im Übermaß fördern und antreiben. Sie wollen erzwingen, dass das Kind eine besondere Laufbahn einschlägt und eine Spitzenposition erreicht. Unter dem Professor, dem Erstligaspieler oder der international gefeierten Sologeigerin geht es dann häufig nicht. Dabei empfiehlt es sich für jene Eltern, dann auch so realistisch zu sein, einmal die wahrscheinlichere Laufbahn anzuschauen, die für 99 Prozent der Kinder eintritt, die von ihren ehrgeizigen Eltern direkt auf die unterste Sprosse einer immens steilen Karriereleiter gestellt werden. Die meisten werden nämlich weder Professor noch Erstligist. Sondern landen trotz allem Druck auf den Plätzen weit dahinter. Und wie toll ist denn so ein Leben als zweite Geigerin in einem D-Orchester, als Hochschuldozent mit schlecht dotierten Zeitverträgen oder als übergewichtiger Trainer einer Jugendmannschaft – nur weil die Eltern da so einen Traum hatten?

Aber kommen wir zurück zu dir und deiner Frage: Überfordere ich mein Kind? Leider ist es eine unvermeidliche Tatsache, dass Eltern fast nie die Objektivität haben, festzustellen, ab wann sie ihr Kind nicht mehr nur fördern, sondern auch überfordern. Eltern sind – zum Glück – nie neutral. Und sie wollen ja in der Regel das Beste, meinen es also gut mit der Förderung. Und so haben sie bei der Frage, wann es zu viel wird, oft einen blinden Fleck. Sie haben erst mal keine eingebaute Bremse. Vor Gefahren schützen Eltern ihr Kind instinktiv – bei Überforderung funktioniert das leider nicht.

Wie also kannst du herausfinden, ob dein Kind am Druck zu zerbrechen droht?

Psychohack: Blinder-Fleck-Radar

Mach dir bewusst, dass dir selbst der freie Blick dafür fehlt, ob du dein Kind durch deine Erwartungen übermäßig forderst. Aber andere haben diesen Blick. Und können dir Hinweise geben – wenn du dich dafür öffnest. Das kann der Lehrer sein, der fragt, ob das Kind eigentlich viel Stress hat. Das kann die Patentante sein, die äußert: »Ich finde, Nils wirkt angestrengt. Wie intensiv sind denn eigentlich das Geigeüben und das Schwimmtraining?« Es kann auch die Mutter der Schulfreundin sein, die ihre Beobachtung weitergibt, dass die kleine Ella sich als Zweitklässlerin nicht traut, von den Schularbeiten aufzustehen und einfach mal zu spielen. Nimm solche Signale wahr und denk darüber nach, ob was dran sein könnte. Das kann dir zwar wehtun, aber deinem Kind sehr helfen.

Noch größer wird der blinde Fleck, wenn die Eltern selbst nicht stabil sind. Wenn sie Existenzangst haben oder eine Ehekrise oder in einer größeren Lebensveränderung stecken, aber nicht damit umgehen können – und vor allem nicht wahrhaben wollen, dass Kinder darauf reagieren. Eltern sind manchmal auch schlicht überfordert. Dann braucht es aufmerksame Dritte – und Eltern, die bereit sind, deren Wahrnehmung ernst zu nehmen.

Psychohack: Der Wanderstab

Eltern sollten das Kind kontinuierlich in seiner Entwicklung begleiten. Dabei sollten sie wie ein Wanderstab sein: immer dabei und dann stützend, wenn eine Stütze gebraucht wird – aber nicht permanent, wie eine Krücke. In Sachen Schule ist der wichtigste Rat: Schaut auf das Kind und nicht auf das Zeugnis. Eure Leitfrage als Eltern sollte nicht sein, wie ihr euer Kind optimal fördern könnt und was es leistet, sondern wer dieser kleine Mensch ist und wie es ihm geht. Und vor allem solltest du aufmerksam Symptome einer möglichen Überlastung beobachten: Nägelkauen, ein schlechtes Ess- und Schlafverhalten, Gewichtsschwankungen, wenig Freunde und Rückzug, häufiges Bauchweh, Bettnässen, scheinbar unbegründete Ängste. Kinder können Probleme nicht so wegdrücken wie Erwachsene, etwa durch

Alkohol. Sie können sie aber oft auch nicht benennen – vor allem, wenn sie spüren, dass sie die Eltern damit enttäuschen würden. Deshalb äußern sich die Probleme eher in den genannten Symptomen. Wenn ihr so etwas beobachtet, solltet ihr jemanden hinzuziehen, um herauszufinden, ob es mit eurem Leistungsanspruch zu tun haben kann.

Wichtig ist, dass ihr eurem Kind immer zur Seite steht und nicht nur, wenn das Ergebnis der Klassenarbeit da ist. Diese Begleitung soll natürlich nicht helikopterartig sein, sondern diskret. Aber es gibt Kindern große Sicherheit, wenn sie wissen, dass sie gesehen werden – und zwar auch unabhängig von Leistungen, die sie erbringen sollen.

Übrigens: Extreme sind immer schlecht – zu viel Förderung, aber auch zu wenig. Unterforderung und übermäßige Schonung verhindern, dass das Kind selbstständig wird und Vertrauen in seine Fähigkeiten entwickelt. Es geht also um das richtige Maß – und ihr als Eltern, die ihr Kind als Menschen wahrnehmen, werdet dieses für euer Kind passende Maß sicherlich finden.

»Nein, du bist dran mit Zahlen!«

Wie man die Geldfrage ohne Stress löst

Als ich in einem Vortrag einmal dazu einlud, mir Fragen zu schicken, erreichte mich bald darauf folgender Brief:

Meine Frau und ich haben ein Problem: Immer wenn wir auswärts essen gehen, streiten wir uns, wer mit Bezahlen dran ist. Das nervt und macht die schöne Stimmung kaputt. Gibt es nicht einen psychologischen Trick, wie wir das lösen können?

Hier meine Antwort:
Gehen Sie nicht mehr essen! Okay, das wäre eine einfache, aber keine schöne Lösung. Ganz im Ernst: Geld ist in Beziehungen schon immer ein großes Thema gewesen und wird es auch immer sein. Wussten Sie, dass Streitigkeiten über Geld zu den drei häufigsten Trennungsgründen nach langer Partnerschaft gehören? Weil Geld das letzte große Beziehungstabu ist. Es fällt uns mittlerweile leichter, über Sex zu reden, als über die eigenen Finanzen. Umso dankbarer bin ich Ihnen für Ihren Brief. Denn schon die Mitteilung, dass Sie getrennte Kassen haben und deshalb klären müssen, wer mit Bezahlen dran ist, erfordert einen gewissen Mut, weil Paare mit gemeinsamer Kasse (oder mit sehr viel Geld) darüber gern den Kopf schütteln. Dabei ist Ihr Weg einer von mehreren möglichen und vernünftigen. Und bei Ihnen wird wenigstens über Geld geredet, weil Sie regelmäßig aushandeln müssen, wer was bezahlt und

wer welchen Anteil übernimmt. Aber nun zu Ihrer Frage. Ich habe da eine Idee:

Psychohack: Der Dinner-Dollar

Um der Stimmungsfalle entkommen zu können, hilft tatsächlich ein kleiner psychologischer Trick. Der »Dinner-Dollar«. Das ist irgendeine ausländische Münze, die immer derjenige im Portemonnaie hat, der mit Bezahlen dran ist. Kommt der Kellner mit der Rechnung, guckt man ins Portemonnaie. Wer den Dinner-Dollar hat, bezahlt – und gibt ihn anschließend direkt an die Partnerin oder den Partner weiter. So weiß man immer genau, wer dran ist, und spart sich eine Menge Stress. Wenn ihr gerade neu startet, bleibt nur noch zu klären, wer als Erstes mit Bezahlen dran ist. Tipp: Werft doch einfach eine Münze. Zum Beispiel den Dinner-Dollar ...

Übrigens: Ein solcher »Dollar« kann auch dabei helfen, lästige Haushaltspflichten wie Badputzen und so weiter zu managen: Wer dran ist, hat den »Bad-Dollar«, als solcher eignet sich hier zum Beispiel ein roter Kuli, im Zahnputzbecher – und steckt ihn nach dem Putzen in den Becher des Partners oder der Partnerin.

»Und wenn das ein Riesenfehler ist?!?«

Wie du mutig deinen Weg gehst

Manchmal erwarten wir von anderen zu viel. Aber noch mehr erwarten wir in der Regel von uns selbst. Da lässt unsere Toleranz wirklich zu wünschen übrig. Wir verlangen von uns, dass unsere Entscheidungen immer absolut richtig sind. Dieser Perfektionsdrang setzt uns enorm unter Druck und lässt keinen Raum mehr, Dinge auszuprobieren, von denen wir noch nicht wissen können, ob sie funktionieren. Das ist schade – und wir sollten es ändern.

Klar: Entscheidungen und deren Folgen, die einem selbst oder anderen Schaden zufügen (zum Beispiel bekifft einen Autounfall bauen oder ein Haustier anschaffen und nach kurzer Zeit wieder weggeben), sind echte Fehler, die man auch nicht positiv umdeuten sollte. Aber längst nicht alles, was negativ ist oder scheint, ist ein Fehler – oft ist es auch eine Erfahrung, die man sonst nie gemacht hätte und die man vielleicht weitergeben kann.

Wie also kannst du dich befreien vom Druck, dass alles immer sofort sitzen muss?

Psychohack: Der Standesamt-Trick

Manchmal sind Menschen so unzufrieden mit ihrem Namen, dass sie ihn beim Standesamt ändern lassen. Auch beim Thema Fehler geht es oft darum, welchen Namen man dem

Kind gibt. Ist alles, was wir so nennen, wirklich ein Fehler oder eine Niederlage? Oder können wir auch hier mal eine Umbenennung wagen?

Was heißt das überhaupt, »Niederlage«? Längst nicht alles, was anders ausgeht als erwartet, ist ein Rückschlag. Als ich mal in einer Werbeagentur gearbeitet habe, lernte ich, wie man unerwartete Entwicklungen für sich nutzbar macht. Das, was woanders als »Fehler« bezeichnet und bestraft wird, hieß dort »Test mit ungünstigen Ergebnissen«. Und wir betrachteten es als nützlich, einen Weg abgeschritten zu haben, der sich als Sackgasse erwies. Weil wir jetzt nie wieder in diese Sackgasse abbiegen würden, also in Zukunft viel Energie und Geld sparen würden.

Im Leben ist oft nicht das nackte Ergebnis entscheidend – sondern der Versuch. Vielleicht hast du schon mal von Albert Camus' Text über die griechische Sagengestalt des Sisyphos gehört, der dazu verdammt ist, bis in alle Ewigkeit einen schweren Stein auf einen spitzen Berggipfel zu rollen und zu versuchen, ihn dort oben abzulegen, was nicht gelingt, weil er immer wieder hinunterrollt. Der letzte Satz in Camus' Text lautet: »Man muss sich Sisyphos als einen glücklichen Menschen vorstellen.« In diesem Satz steckt eine Erkenntnis: Man soll den Weg feiern und nicht das Ergebnis. Denk ans Golfspielen. Denk ans Stricken. Denk an erneuerbare Energien. Denk an einen Comedian. Denk an das Design eines neuen Möbels. Denk, woran du willst: Bei den allermeisten Dingen sitzt nicht gleich der erste Versuch und passt nicht jeder Weg. Sondern es kommen ungefähr neun Fehlversuche und Irrwege auf einen Treffer. Wenn wir schon Perfektion anstreben, dann müssen wir uns klarmachen: Sie entsteht durch viele Fehlversuche. Deshalb: nach Rückschlägen nicht aufgeben, sondern den nächsten Versuch starten. Die Reise nach Paris war nicht so toll wie erwartet? Dann habt ihr jetzt festgestellt, dass Paris nicht euers ist. Hättet ihr sonst niemals rausbekommen. Das Gefühl »Wir müssen endlich mal nach Paris« ist jetzt für immer weg und ihr seid frei für neue Ziele. Das günstig gekaufte Fitnessgerät war nach drei Monaten kaputt? Dann hast du jetzt gelernt, dass Billigkäufe einfach zu teuer sind: Wer billig kauft, kauft doppelt. Diese Erfahrung wird dir in Zukunft viel Geld sparen. Dein Kind hatte jetzt sechs Monate teuren Klavierunterricht, will nun aber doch lieber Kickboxen machen? Wie hättet ihr die persönlichen Neigungen rauskriegen sollen außer durch Ausprobieren? Wegen des Staus von der Autobahn abzufahren war ein Fehler, weil du auf der ebenfalls verstopften Bundesstraße noch länger gebraucht hast? Aber du hättest sonst niemals das versteckte kleine Waldschwimmbad mit dem Café entdeckt, wo ihr euch erholt habt von der Sommerhitze. War doch viel besser als eine Autobahnraststätte mit fettigen Pommes aus altem Frittieröl. Du hast das Studium nach drei Semestern aufgegeben, weil es dir nichts gegeben hat? Ohne diese Erfahrung hättest du dein Leben lang gedacht: »Ach, hätte ich doch studiert!« Auch eine Orientierungsphase oder ein »Studium generale« ohne klare Berufsperspektive ist kein Fehler, sondern Lebenskapital.

Die Kultur des Ausprobierens und Sich-Ausprobierens, des Studiums als Lebensform, muss wiederbelebt werden – sie ist verloren gegangen wegen des Drucks, schnell »marktfähig« zu werden. Aber: Ausprobieren heißt nicht gleich Ausstaffieren. Also nicht nach drei Klavierstunden gleich einen Flügel kaufen, noch vor der ersten Radtour ein teures Rennrad oder vor dem ersten Versuch zu malen eine kostspielige Staffelei und die teuersten Farben. Beim Plan, den Jakobsweg zu gehen, lieber nicht zuerst in einen Outdoorladen spazieren statt mal eine Stunde ins nahe gelegene Naturschutzgebiet. Und besser auch keine neue Küche anschaffen, bevor man weiß, wie man ein Spiegelei brät. Erst mal: Kochkurse, Seminare, Leasen und Mieten. Und, ganz wichtig: auch kleine Erfolge feiern! Erinnerst du dich noch an das Kapitel »Nackenschläge in Serie« mit dem kleinen TSV Böbrach, der jedes Spiel verlor? Im Februar 2022 sagte der Vereinspräsident in einem Interview stolz: »Vor der Winterpause haben wir es zweimal geschafft, eine zweistellige Niederlage zu vermeiden.« Respekt, Jungs!

Trösten – wie geht das eigentlich?

Was die Seele in der Trauer wirklich braucht

Als mein Vater gestorben war, waren viele bemüht, mir Trost zu spenden. Ich bekam wunderbare Briefe, und manche fanden auch mündlich schöne Worte. Auch mit mancher Geste versuchte man mir seine Anteilnahme auszudrücken – einem unsicheren Klaps auf die Schulter oder einem Tätscheln des Arms. Manche Worte waren daneben, weil sie aus Plattitüden bestanden: »Zeit heilt alle Wunden«, »Das wird schon wieder!«, »Kopf hoch!« oder auch »Gott gibt – Gott nimmt«. Da wäre mir lieber gewesen, die Leute hätten ihre Anteilnahme schweigend ausgedrückt. Am anstrengendsten fand ich es, wenn Menschen so ergriffen waren von ihrem eigenen Mitleid, dass ich das Gefühl hatte, ich müsse sie trösten statt umgekehrt. Die mehr oder weniger gelungenen Versuche, Trost zu spenden, kamen teilweise von Christen, sie kamen von Psychologen, sie kamen von Akademikern, und sie kamen von Verwandten, die mich gut kannten und mir nahestanden. Am stärksten in Erinnerung geblieben aber ist mir der Tag, an dem ich zum ersten Mal wieder in meine Stammkneipe ging.

Psychohack: Die echte Umarmung

Als Daphne, die Kellnerin, mich erblickte, kam sie auf mich zu und nahm mich einfach in den Arm. Ohne Worte. Und sie hielt mich. Lange. So lange, dass ich fühlte: Daphne ist für mich da. Nach ihrer Umarmung sagte ich mit einem tiefen Seufzer: »Danke!«

Was hatte sie getan? Sie hatte nicht einfach *gesagt*, sie sei für mich da, sondern sie hatte es mich spürbar *erleben* lassen. Und sie war nicht dem Missverständnis erlegen, das viele Menschen über das Trösten erwachsener Menschen haben: dass es darum geht, Worte zu finden, die den Eindruck erwecken sollen, es sei alles nicht so schlimm. Doch, es ist schlimm, einen lieben Menschen zu verlieren. Oder verlassen zu werden. Oder seinen Job und damit die materielle Sicherheit zu verlieren. Daran ändert »Kopf hoch! Das wird schon wieder« nichts. Das hilft vielleicht bei einem Kind, das einen Teller zerbrochen hat – aber auch für die Kleinen ist das Gefühl viel wichtiger, dass jemand da ist, als der Inhalt der Worte. Also: Stärkung, Trost und Zuneigung brauchen nicht zwingend Worte. Eine schweigende, lange, innige Umarmung kann der stärkere Trost sein als zehn Kondolenzbriefe und Beileidsbekundungen am Grab.

Daphne wusste auch: Ihre Empathie sollte sich nicht so äußern, dass es plötzlich um sie gegangen wäre und nicht mehr um mich. Ich musste mich in dem Moment nicht um sie sorgen, sondern konnte mich fallen lassen in ihren Armen. Vor allem, weil sie keine falsche Scheu hatte, die Umarmung ausreichend lange zu halten. Das heißt: viel, viel länger als bei einer alltäglichen Begrüßungsumarmung, die ja oft nur eine Andeutung ist, damit sie nicht mit Intimität verwechselt wird. Genau solche Gedanken haben bei einer Tröstumarmung nichts zu suchen. Wenn du jemanden umarmst, der in tiefer Trauer ist, dann halte die Umarmung ruhig so lange, bis der andere sich in deinem Arm spürbar entspannt und etwas flüstert wie »Danke!« oder »Das hat jetzt richtig gut getan« – oder bis er sich selbst daraus löst. Gerade Männer lassen oft zu früh wieder los mit dem Gefühl »Jetzt reicht's aber auch mit der Umarmung, sonst wird es peinlich«. So versäumen sie den Moment, in dem der andere sich wirklich hineinfallen lassen kann. Es sollte also mehr sein als ein flüchtiges Umarmen – eher ein echtes Halten eines Menschen, der zu fallen droht.

»Boah, nervt mich dieser Lärm!«

Wie du souverän auf Störungen reagierst

Die Welt ist laut. Der Verkehrslärm auf der Bundesstraße, wummernde Bässe vom sechs Kilometer entfernten »Volksfest«, die samstägliche Parade unter dem Motto »Wer hat den lautesten Rasenmäher/Laubbläser?«, der permanent hysterisch kläffende Köter der Nachbarn, der Presslufthammer im Nebenhaus, der Junggesellinnenabschied im Großraumwagen … Manche sind auch genervt von Kindergeschrei, krähenden Hähnen und läutenden Glocken. Und wenn man Pech hat, wird genau in dem Hotel, in dem man sich zwischen zwei anstrengenden Reisetagen ausruhen will, eine Hochzeit gefeiert, inklusive lautem Gegröle und Gelächter morgens um vier auf dem Flur direkt vor deiner Tür. Oder, wie es mir mal in Rom passiert ist: Neben dem Hotel stand wegen Bauarbeiten ein Gebläse, dessen Generator die ganze Nacht lief.

Wie kommst du klar, wenn Geräusche dich ablenken oder vom Schlafen abhalten?

Psychohack: Raus aus der Opferrolle!

Das Wichtigste in so einer Situation ist, dass du dich nicht verzweifelt hadernd in die selbstmitleidige Rolle des ewigen Pechvogels hineinsteigerst. Denn das ändert gar nichts und du machst dich nur selbst fertig. Dein Stress ist umso größer, je mehr du das Gefühl hast, die Situation nicht kontrollieren zu können, obwohl du das unbedingt willst. Die Unklarheit über Ursache und Dauer einer Störung ist oft schlimmer als die Störung selbst. Was also kannst du tun? Zuerst solltest du herausfinden, ob du etwas unternehmen kannst – damit es aufhört oder damit du zumindest erfährst, wie lange es noch dauern wird. Also: freundlich nachfragen beim Verursacher oder deinem Ansprechpartner, zum Beispiel an der Rezeption. Und wenn es realistisch ist, auch um etwas mehr Ruhe bitten. Sollte das erfolglos sein, frag dich, ob du dich der Situation entziehen kannst – etwa durch den Umzug in ein anderes Zimmer oder gar ein anderes Hotel, durch den Wechsel vom presslufthammergeplagten heimischen Schreibtisch in die Bibliothek oder so etwas. Viele denken gar nicht an diese Möglichkeiten, übernehmen also nicht die Verantwortung für das Beenden des eigenen Stresses, sondern hadern nur, beschweren sich beim Partner, vergiften die Stimmung und drehen sich selbst immer mehr hoch. Wenn du aber feststellst, dass du einfach nichts machen kannst – dann versuch, die Situation anzunehmen und zu akzeptieren. Entspann dich und nutz die unverhofft wache Zeit zum Lesen, zum Fernsehen, für Sex ... Oft gelingt es einem auch einzuschlafen, wenn man sich erst mal mit der Lage abgefunden hat. Ich habe damals in Rom irgendwann tief geschlafen – trotz des dröhnenden Generators. Ich habe mir einfach vorgestellt, es seien die Motoren einer Mittelmeerfähre, die mich in den Urlaub nach Korsika bringt, und ich läge im Schlafsack an Deck und betrachtete den Sternenhimmel. Es ist eben alles Psychologie.

Was du außerdem tun kannst: Frag dich ehrlich, ob das Geräusch wirklich das Hauptproblem ist oder ob dich nicht etwas anderes ärgert. Die Gedankenlosigkeit oder Rücksichtslosigkeit der Nachbarn etwa. Oder dass manche Leute Kinder oder einen Hund haben, was du dir immer gewünscht hast. Vielleicht auch, dass die Feiernden im Zug das Leben genießen, während es dir gerade schlecht geht. Oder dass das Glockenläuten dich an die Skandale der katholischen Kirche erinnert. Je genauer du die wahren Gründe deines Frusts kennst, desto weniger wird dich der Lärm vom Schlafen oder vom Arbeiten abhalten.

Keine Kraft für gar nix!

Ein Trick, um schnell Energie zu tanken

Kennst du das auch, dass der Akku leer scheint und du dich schlaff und ohne Spannung fühlst? Ein Freund klagte mir neulich sein Leid: »Nach einem langen Tag bei der Arbeit mit viel Stress und Streitereien freue ich mich natürlich auf den Feierabend – aber wenn ich dann zu Hause bin, bin ich dermaßen platt, dass ich nur noch energielos auf der Couch herumhänge, anstatt den Abend wirklich zu genießen und etwas zu tun, das mir Spaß macht und mich erfüllt. Und wenn ich eine große Herausforderung vor mir habe, erwische ich mich oft dabei, dass ich schon vorher den Kopf hängen lasse. Manchmal kneife ich dann sogar, weil mir das Selbstvertrauen fehlt, die Aufgabe zu meistern. Wie kann ich das ändern?«

Solche Energielöcher kennen sicher viele. Es geht hier nicht um den Zustand kompletter körperlicher und mentaler Erschöpfung, sondern um Durchhänger, die im falschen Moment kommen und denen man sich nicht einfach so hingeben möchte.

Ein erster Tipp wäre ein »Power-Nap«, also ein kurzes (!) Schläfchen. Aber das ist nicht immer möglich. Es macht vermutlich einen merkwürdigen Eindruck, wenn man sich zu Beginn seiner Präsentation erst mal auf dem Boden vor dem Flipchart zusammenrollt und ein Nickerchen macht. Außerdem hängt man oft zwar körperlich durch, ist aber zugleich geistig so angespannt, dass an Schlummern nicht zu denken ist.

Deshalb probiere es doch mal mit »Power-Posen«. Auch wenn die Wirkung wissenschaftlich umstritten ist, helfen sie vielen. Wir wissen alle, dass unsere Stimmung sich auf unseren Körper auswirkt. Wenn wir etwas Lustiges entdecken, lachen wir. Wenn wir uns freuen, einen geliebten Menschen zu sehen, lächeln wir. Wenn wir ein Tor schießen, jubeln wir. Wenn wir Anerkennung erhalten, strafft sich unser Körper und wir haben den Kopf oben. Und so weiter. Aber immer mehr Studien belegen, dass die Sache auch umgekehrt funktioniert: Körperliche Aktionen, sogenannte Körperanker, können das Gehirn und die Stimmung beeinflussen. Wenn wir den Kopf und die Schultern hängen lassen, wirkt sich das auch auf unsere Stimmung und Energie aus – wir hängen dann eben auch mental durch. Die gute Nachricht: Diesen Effekt kannst du umdrehen, indem du deinem Gehirn durch gezielte, aufbauende Posen einen positiven Schub verpasst.

Nehmen wir Cristiano Ronaldo, den Fußballer. Fast jeder kennt sein affektiert wirkendes Cowboy-Gehabe, bevor er einen Freistoß schießt, und viele hassen ihn geradezu dafür. Aber ganz offensichtlich bringt er sich durch seine Macho-Posen selbst in eine geistige Anspannung, die ihm außergewöhnliche Leistungen erlaubt. Ein ähnlicher Fall ist der Haka-Tanz der neuseeländischen Maori, mit dem sie Stolz, Stärke und die Einheit des Stammes zur Schau stellen. Früher motivierten sie sich damit für Kämpfe, in denen es oft um Leben und Tod ging, und schüchterten zugleich die Gegner ein. Heute kennen wir den Haka-Tanz vor allem von der Rugby-Nationalmannschaft Neuseelands. Und auch beim Tennis sehen wir oft, wie sich Spielerinnen und Spieler selbst verbal anspornen und das durch energiespendende Gesten und Posen begleiten. Körper und Geist sind eng miteinander verbunden, und diese Verbindung ist offensichtlich keine Einbahnstraße. (Wir sind da im Bereich der alten Diskussion:

»Weine ich, weil ich traurig bin, oder bin ich traurig, weil ich weine?«) Letztlich ist es eine Variante der Erkenntnis »Kleider machen Leute«: Wer in einer Uniform steckt oder in »Boots made for walking«, hat eine andere Körperspannung und fühlt sich dadurch auch selbstbewusster. Ein Experiment hat sogar gezeigt, dass Probandinnen, die beim Lösen kniffliger Matheaufgaben einen Laborkittel trugen, besser abschnitten als die Teilnehmerinnen in Businesskleidung.

Es muss auch nicht immer so martialisch zugehen wie beim Sport. Es geht auch auf die sanfte Tour: Mentaltrainer und Therapeuten setzen immer öfter auf die Lächel- oder Lachtherapie. Weil auch künstliches Lachen ohne konkreten Anlass nachweislich die Stimmung aufhellt. Unser Gehirn scheint da so ähnlich zu funktionieren wie der berühmte pawlowsche Hund: Weil beim Füttern immer ein Glöckchen bimmelte, genügte es irgendwann, nur das Glöckchen zu läuten, um den Speichelfluss des Tiers anzuregen – obwohl es weit und breit kein Futter gab. Auch das menschliche Gehirn reagiert offensichtlich auf Äußerlichkeiten wie Gesten und Kleidung.

Psychohack: Weck den Gorilla in dir!

Manchmal muss man sich selbst ein bisschen austricksen. Wenn du durchhängst und schnell Energie und bessere Laune haben willst, dann nutze eine Power-Pose. Zum Beispiel den »Heldenjubel« mit zu einem imaginären Publikum erhobenen Händen und einem breiten Grinsen. Oder die »Wonder Woman«: breiter Stand, Hände in die Hüfte und selbstbewusster Gesichtsausdruck. Oder du machst den »Gorilla« und trommelst mit beiden Händen auf deinen Brustkorb. Wenn du aushältst, dass du dir dabei bescheuert vorkommst, kannst du das vor dem Spiegel machen. Das verstärkt die Wirkung. Aber es funktioniert auch ohne Spiegel. Nutze diese Posen, um selbst auch wieder in ein gutes und vor allem energiegeladenes

Körpergefühl zu kommen – und dich so auch mental zu pushen. Es kann auch ein Tänzchen sein oder die Becker-Faust. Was immer du willst. Denn eine ausgelassene Tanzeinlage am Morgen oder ein kräftiges Gorilla-Gehabe sind allemal besser, als mit hängenden Schultern und gesenktem Kopf in den Tag zu starten. Übrigens nutzen Schauspieler solche Power-Posen oft, um emotionale Kraft und Stabilität zu gewinnen und besser in die Situation oder Rolle hineinzukommen. Denn am dringendsten braucht man diesen Hack, wenn man eigentlich in schlechter Grundstimmung ist wegen Partner krank, Hund tot, Chef blöd oder Ähnlichem. Oder wenn man abgelenkt und unkonzentriert ist. Wenn man in so einer Verfassung in eine Präsentation oder auf eine Bühne stolpert, verschenkt man die entscheidenden ersten dreißig Sekunden, die den Gesamteindruck prägen. Dann doch lieber eine Runde gezieltes Gezappel vor dem Spiegel, oder? Und danach lachst du dich selbst laut aus – das hebt die Stimmung noch ein bisschen mehr.

... große Kinder, große Sorgen

Wenn Eltern nicht loslassen können

Ein Freund klagte mir neulich sein Leid – beziehungsweise das seiner Frau: »Unser Sohn ist jetzt vierundzwanzig. Er studiert in einer anderen Stadt und wohnt in einer WG. Aber wenn er Probleme hat, erzählt er das oft brühwarm meiner Frau – und die ist dann völlig durch den Wind. Sie schläft schlecht, und es kommt mir vor, als habe sie selbst das Problem und nicht Philipp. Ist das normal?«

Tja – was ist schon normal? Zumindest ist das Problem nicht selten – und es betrifft Mütter tatsächlich häufiger als Väter. Die meist ausgeprägtere Empathie der Frauen wird dann manchmal vom Segen zur Last. Schwierigkeiten der erwachsenen Kinder im Studium beschäftigen sie dann genauso intensiv wie deren Beziehungsprobleme oder sogar Alltagspannen wie eine Zugverspätung. Manche Mütter würden sich dann am liebsten ins Auto setzen und das »Kind« an sein Ziel chauffieren.

Die Ablösung von den erwachsenen Kindern gelingt Eltern nicht immer in ausreichendem Maße – und umgekehrt ebenso. Oft hat es damit zu tun, dass Kinder heute viel länger bei den Eltern wohnen als früher. Mittlerweile lebt knapp ein Drittel der Fünfundzwanzigjährigen in Deutschland noch bei den Eltern, im »Hotel Mama«. Man versteht sich ja auch gut. Und vielen jungen Menschen ist die Welt mit ihren Möglichkeiten und Unsicherheiten auch schlicht zu groß und beängstigend – sie nehmen den Halt und die praktische und psychologische Hilfe der Eltern dankbar an. Dieses Nesthocker-Phänomen wird noch verstärkt durch den Mangel an bezahlbarem Wohnraum. Wenn die Eltern ausreichend Platz haben, ist es wirtschaftlich oft vernünftig, dass die Kinder während des Studiums oder der Ausbildung weiter in ihrem Jugendzimmer wohnen. Aber man kommt dann eben schwer aus der Eltern-Kind-Rolle heraus. Im Kopf umzuschalten von Erziehung und Fürsorge auf »WG auf Augenhöhe« ist nicht so leicht, wenn es weiterhin die Zankereien wegen des nächtlichen Chaos in der Küche gibt oder die Eltern sich am Samstag die ganze Nacht sorgen, weil die »Kinder« auf der Piste sind. Doch auch wenn der Nachwuchs schon allein wohnt, verschwindet das »Mama-Gen« nicht automatisch. Eltern fragen sich oft, welchen Sinn ihr Leben noch hat, wenn das »Projekt Kind« zu Ende ist – und verlängern es deshalb über das gesunde Maß hinaus. Zu diesem Empty-Nest-Syndrom zählt auch die Scheu, sich den Zustand der eigenen Beziehung anzuschauen. Wenn die Kinder nach zwei Jahrzehnten plötzlich nicht mehr das gemeinsame Hauptthema sind, muss man sich fragen, warum man eigentlich zusammenlebt und wie man das Leben zu zweit gestalten will. Was also kannst du tun, wenn du selbst leidest unter der zu großen Nähe und der fehlenden Ablösung?

Psychohack: Die Dr.-Sommer-Technik

Wenn du selbst zu dem Typ Eltern gehörst, der zu viel Anteil am Leben der erwachsenen Kinder nimmt – wechsle in Gedanken mal die Perspektive. Stell dir vor, du wärst Mitglied des Ratgeberteams einer Zeitschrift und bekämst von den Eltern eines Vierundzwanzigjährigen die Frage vorgelegt, ob es angemessen sei, dass sie sich extreme Sorgen machen und nachts wach liegen, weil der Sohn Ärger mit seinem Vermieter hat. Oder Stress im Studium. Oder Streit mit einem Freund. Was würdest du antworten? Du würdest vermutlich mitfühlende Worte finden, aber zugleich dazu raten, es mit den Sorgen nicht zu übertreiben, weil der Junge schließlich erwachsen ist. Wenn du es schaffst, den inneren Abstand, den du zur Unruhe dieser fiktiven Eltern hast, mit zurück in dein eigenes Leben zu nehmen, wirst du mit mehr Abstand und Gelassenheit auf deine eigenen Sorgen schauen. Wenn es dir hilft, kannst du deine Antwort als Ratgeber:in übrigens auch aufschreiben wie einen richtigen Artikel, den viele Leute lesen werden. Das macht wahrscheinlich sogar Spaß und holt dich noch mehr aus der inneren Verstrickung in deine eigene Elternrolle raus. Womit wir beim zweiten Hack wären.

Psychohack: Die Stärkespende

Väter haben diesen inneren Abstand häufiger. Und müssen sich deshalb nicht selten den Vorwurf gefallen lassen, ihnen fehle es an Empathie mit den eigenen Kindern. Wenn deine Frau sich zu sehr sorgt – dann zeige, dass du sehr wohl empathisch bist. Nimm sie häufiger in den Arm und sprich ihr Mut zu. Zeig, dass du ihre Sorgen siehst und ernst nimmst. Spiel sie also nicht herunter – aber setze Zuversicht und dein Vertrauen in die Stärke eures Kindes dagegen. Erinnere sie daran, dass sie mit ihrer Liebe und Fürsorge eurem Kind die Kraft mitgegeben hat, seine Probleme allein zu lösen. Vor allem: Sei für deine Frau da und zeig ihr, dass du sie und ihre Sorgen siehst.

PS: Selbstverständlich gibt es auch Männer, die emotional angespannt sind und die emotionale Unterstützung ihrer Partnerin oder ihres Partners brauchen.

Psychohack: Der Familienspiegel

Wenn Eltern und erwachsene Kinder nicht herauskommen aus den alten, überholten Rollen, liegt das oft daran, dass nicht allen bewusst ist, was da abläuft. Und so rutscht man immer wieder in dieselben alten Muster – Psychologen nennen das »Regression«. Viele kennen das Phänomen, dass sie bei Besuchen im Elternhaus noch nach vielen Jahren in Verhaltensweisen und Stimmungen zurückgleiten, die sie in der Pubertät hatten. Doch je klarer man sich solche Mechanismen macht, desto besser ist man davor geschützt.

Deshalb: Setzt euch zusammen und schaut als Familie gemeinsam in den Spiegel. Sprecht laut aus, was ihr dort seht. Zum Beispiel: »Wir sind alle erwachsen. Wir begegnen einander auf Augenhöhe. Alle haben das Recht auf Autonomie – und die Pflicht, etwas für die Gemeinschaft zu tun, etwa im Haushalt.«

Die Kinder müssen den Mut zum Erwachsensein aufbringen – und die Eltern müssen den Verzicht auf Einmischung lernen. Erwachsensein heißt: der Welt auf Augenhöhe begegnen – in Verantwortung und Souveränität. Nicht selten kommt das Festhalten an alten Rollen auch von der Angst, einander zu verlieren, wenn sich etwas ändert. Deshalb gehört zu den Sätzen, die ihr vor dem Spiegel aussprechen solltet: »Ablösung ist nicht gleich Trennung.« Die Liebe zwischen euch verschwindet nicht, wenn euer Umgang sich verändert. Im Gegenteil: Wenn ihr einander erst einmal als Erwachsene ohne Erziehungsrolle akzeptiert habt, entsteht eine völlig andere, neue Nähe. Und die kommt ohne pubertäre Konflikte und ohne übertriebene Sorgen aus. Herrlich, oder?

»Soll ich's wirklich machen oder lass ich's lieber sein?«

Welcher Risikotyp bist du?

Neue Wohnung? Anderer Job? Fremde Stadt? Heiraten? Eine Familie gründen? Manchmal stellt das Leben einen vor die Notwendigkeit einer Veränderung. Das bringt viele ins Schwitzen. Ob dich das lähmt oder motiviert und wie du die Veränderung angehst, hängt vor allem davon ab, welcher Risikotyp du bist. Also finde es heraus – damit du Entscheidungen treffen kannst, die deinem Wesen entsprechen.

Psychohack: Die Anlageberatung

Banken sind seit einigen Jahren gesetzlich verpflichtet zu protokollieren, was sie einem Kunden empfehlen und wovon sie ihm abraten. Was die Berater:innen dabei als Erstes checken, ist das Risikoprofil: Manche Menschen sind Zockertypen und würden am liebsten all ihr Geld in hochspekulative Aktien stecken. Andere können das Auf und Ab der Börsen nicht ertragen und wollen ihr Geld schön sicher auf dem Konto lagern – selbst wenn die Inflation daran nagt.

Wenn du vor der Entscheidung stehst, wie du eine notwendige Veränderung angehen sollst: Sei dein eigener Bankberater. Finde heraus, wie risikofreudig du bist. Bist du eher »lageorientiert«, also sicherheitsbedürftig, oder eher »handlungsorientiert«, also ohne Angst vor Risiken? Spielen wir es einmal durch am Beispiel Jobwechsel. Du fragst dich Folgendes:

Soll ich die alte Stelle kündigen (mit drei oder sechs Monaten Kündigungsfrist), ohne schon einen neuen Job zu haben? Es gibt im Wesentlichen drei mögliche Antworten auf diese Frage:

1. »Das versetzt mich in Angststarre und macht mich handlungsunfähig.«
2. »So ein Druck sorgt bei mir für hektische Betriebsamkeit. Ich kann nicht mehr schlafen und sitze die ganze Nacht vor dem Rechner auf der Suche nach Jobs.«
3. »So einen Kick brauche ich, um in Gang zu kommen. Ohne Pistole am Kopf geht bei mir nix.«

Wie du dich verhalten solltest, liegt auf der Hand, oder? Wenn du Typ 1 oder 2 bist, empfehle ich dir, den neuen Job sicher zu haben, bevor du kündigst. Wenn du aber Typ 3 bist, wirst du nichts unternehmen, wenn kein Druck da ist. Also kündige und zieh los, um dir was Neues zu suchen.

Natürlich spielen auch äußere Umstände eine Rolle. Auch wenn du früher der Typ warst, der seine Wohnung einfach gekündigt hat, ohne schon eine neue zu haben, kann dir das heute, in Zeiten des extremen Wohnungsmangels, ganz schön auf die Füße fallen. Und auch dein Grad an Perfektionismus beeinflusst die Entscheidung. Wenn du kompromissbereit bist und auch eine nur zu achtzig Prozent zu dir passende Wohnung oder einen Übergangsjob akzeptierst, kannst du dich eher mal selbst vor vollendete Tatsachen stellen als jemand, für den jedes Detail stimmen muss, damit er Ja sagt.

Stell dir bei allen Risikoentscheidungen vor, wie du dich beim Jobwechselthema verhalten würdest. Zum Beispiel, wenn es um die Frage geht, ob du dich selbstständig machen sollst. Wenn es dir schlaflose Nächte bereitet, im März noch nicht zu wissen, woher das Geld für die Julimiete kommen wird, bist du kein Typ für die Selbstständigkeit. Dann lähmt dich diese

Angst entweder – oder du nimmst aus Sorge um deine finanzielle Sicherheit viel zu viele Aufträge an und landest nach einem Jahr im Burn-out. Wenn du aber eine Portion »Wird schon klappen«-Optimismus in dir trägst, bist du der richtige Typ dafür, dein eigener Chef zu sein.

Psychohack: Die Wahrheit zulassen

Ein besonderer Ort für »Kalte Füße bekommen« ist der Traualtar. Viele kennen die Szene mit Hugh Grant aus *Vier Hochzeiten und ein Todesfall*, als er sich händeringend in der Sakristei versteckt, weil er ahnt, dass er gerade den Fehler seines Lebens machen wird. Aber diese Art der Panik ist normal – auch wenn es gar keine Fehlentscheidung ist, sondern du die Richtige oder den Richtigen gefunden hast. Heiraten bedeutet in der Regel: Die bisher theoretisch unbegrenzt große Menge an potenziellen Lebenspartnern schrumpft radikal auf einen. Du hast eine Entscheidung getroffen und damit alle anderen ausgeschlossen. In dem Moment, in dem du dir das klarmachst, geht der Puls kurz hoch bis unter die Decke – auch wenn du weißt, dass du glücklich sein wirst. Also: Lass die kurze Panikattacke zu, atme zehnmal tief ein und aus und dann geh freudig auf den neuen Lebensabschnitt zu.

Anders liegt die Sache, wenn schon banale Planungsvorschläge bezüglich einer gemeinsamen Zukunft für Panikattacken sorgen. Wenn bereits der Satz »Lass uns eine Waschmaschine kaufen« in dir Fluchtreflexe auslöst, ist das ein Alarmzeichen. Entweder ist dein Partner nicht der richtige – oder du bist nicht reif für eine dauerhafte Beziehung und die damit verbundene Verantwortung. Dasselbe gilt, wenn vor einer Heirat plötzlich eine dritte Person, also ein Ex- oder ein Alternativpartner, größte Bedeutung bekommt. Das muss man dann fairerweise offen thematisieren, wie der taubstumme Bruder in *Vier Hochzeiten und ein Todesfall*. Ein solcher Eklat löst zwar Schmerzen aus, aber die sind weniger schlimm als die, die aus einem gegen die eigene Überzeugung und aus Feigheit gesprochenen Ja-Wort resultieren. Denn nur die Wahrheit hilft uns, ein erfolgreiches Leben und auch gute Beziehungen zu führen.

»Keiner versteht mich!«

Wie du auf allumfassendes Klagen reagierst

Wohl jeder kennt Menschen, die sich regelmäßig in sehr allgemeiner Form beklagen – über das Leben, über ihr Schicksal, über die Mitmenschen. Bei Pubertierenden gehört der Satz »Keiner versteht mich!« ja noch zum Lebensgefühl. Aber bei Erwachsenen sind solche Verallgemeinerungen oft ein Zeichen dafür, dass derjenige sich selbst im Weg steht. Die Frage ist oft, ob diese Menschen überhaupt verstanden werden *wollen* – oder lieber das Gefühl des Unverstandenseins kultivieren möchten und deshalb immer wieder Situationen provozieren, in denen sie anecken. Wer sich möglichst sperrig, zickig und kompliziert verhält, wird sich immer wieder darin bestätigt fühlen, dass die anderen unsensibel und dumm sind.

Psychohack: Das Protokoll

Wenn dir ein Mensch wiederholt sein unverstandenes Leid klagt und sich in prinzipieller Form beschwert, kläre zunächst für dich, ob du darauf überhaupt reagieren musst. Erwartet die Person eine (bestätigende) Stellungnahme von dir? Oder geht dir die immergleiche Klage inzwischen so auf die Nerven, dass du nicht länger schweigen willst? Auf keinen Fall solltest du ebenfalls mit Verallgemeinerungen antworten. Das, was ich oben erklärt habe, war nur für dich bestimmt und nicht für deine Antwort auf den Klagenden. »Du stehst dir selbst im Weg« ist also keine gute Reaktion. Auch allgemeine Trostsprüche wie »Ach, so schlimm wird es schon nicht sein« oder »Das wird schon wieder« helfen niemandem weiter. Was du aber tun kannst: möglichst genau nachfragen und dir das Problem schildern lassen. Schon recht direkt ist die Rückfrage: »Gibt es wirklich nicht einen einzigen Menschen, zu dem du eine gute und vertrauensvolle Beziehung hast? Wenigstens einen?« In dieser Frage steckt schon ziemlich deutlich, dass dich die Verallgemeinerung nervt. Aber sie öffnet auch die Tür zu einem konkreten Rat. Wenn die Person dir verblüfft diesen einen Ausnahmemenschen nennt, dann kannst du nachlegen: »Mir ist schon öfter aufgefallen, dass du dich oft total unverstanden fühlst. Hast du mal überlegt, deinen Vertrauensmenschen um Rat zu fragen? Also, was du vielleicht anders machen könntest, damit andere dich besser verstehen?«

Etwas mehr durch die Blume ist es, wenn du dir den Dialog oder die Situation, aus der jemand schließt, dass er mal wieder von keinem verstanden wurde, möglichst genau wiedergeben lässt. Oft sind Menschen nämlich der Meinung, sie seien ganz klar oder total freundlich gewesen – und wenn man den konkreten Wortlaut hört, merkt man: So war es nicht. Sie haben nicht klargemacht, was sie wollen, ihr Ton war unangemessen, sie haben andere mit Vorwürfen überhäuft oder ihre Ausstrahlung war negativ. Im Idealfall fällt das deinem Gesprächspartner sogar selbst auf, während er dir den Hergang erzählt. Dann kannst du dich darauf beschränken, immer wieder nachzuhaken: »Hat er dir das wirklich genau so geantwortet?«, »Und vorher war gar nichts zwischen euch?« oder: »Was war eigentlich dein wichtigstes Anliegen?« Sollte die Person sich aber weiterhin vollkommen im Recht fühlen, kannst du durchaus so etwas sagen wie: »Also ehrlich gesagt hätte ich wohl auch nicht gleich verstanden, worum es dir eigentlich ging.«

Möglicherweise gehörst du nach diesem Gespräch dann auch zum Kreis derer, die diesen Menschen nicht verstehen. Was er aus deinen Fragen und Anregungen macht, liegt nicht in deiner Verantwortung. Aber einen Versuch, ihn zum Nachdenken über seinen eigenen Anteil am permanenten Misslingen seiner Kommunikation zu motivieren, ist es wert.

»Für Entspannung hab ich gerade echt keine Zeit!«

Wie das mit dieser Achtsamkeit funktioniert

Job, Familie, Beziehung, Stress: Gefühlt rast die Zeit an uns vorbei – und damit das Leben selbst. Und trotzdem verlieren wir uns auf Instagram, glotzen Trailer auf Netflix und chatten ziellos auf WhatsApp. Wenn wir bewusster mit uns und unserer Zeit umgehen würden, könnten wir unser Leben mehr genießen. Aber wie geht das? Das Zauberwort heißt Achtsamkeit. Mit diesem Modebegriff ist es ja wie mit dem Wort Nachhaltigkeit: Jeder kennt und benutzt diese »Buzzwords«, aber keiner weiß genau, was sie bedeuten. Achtsamkeit kann eine Lebensphilosophie sein oder auch eine Technik. An anderer Stelle habe ich bereits erzählt, dass der Psychologe Viktor Frankl den Gedanken formuliert hat, dass man zwischen Reiz und Reaktion einen Puffer legen sollte. Ich spreche gern vom »Bandscheibenprinzip« – weil ja auch die Bandscheiben die Bewegungen unserer Wirbelsäule abpuffern, damit die Wirbel nicht auf die Nerven drücken. Sonst: autsch!

Achtsamkeit bringt uns das Bandscheibenprinzip ins Bewusstsein, was wiederum nachweislich das Stresshormon Cortisol in unserem Körper reduziert. Das führt nicht nur zu einem erfüllteren Dasein, sondern auch zu weniger psychischen und körperlichen Erkrankungen. Du siehst: Achtsamkeit im Leben ist wichtig – und dennoch vergessen wir sie so häufig.

Psychohack: Der Achtsamkeitsalarm

Stell dir zu einer ungeraden Zeit, zum Beispiel auf Minute 49, einen stündlichen Wecker (natürlich nur tagsüber). Ertönt dieser, nimmst du dir einen Moment Zeit, tief durchzuatmen und dir der Situation bewusst zu werden, in der du dich gerade befindest. Nimm sie richtig wahr und gehe ins Gefühl der Dankbarkeit für das, was du gerade erlebst. Warum zu einer krummen Uhrzeit? Zur vollen oder halben Stunde beginnen häufig Termine und dann passt es schlecht, dich kurz rauszunehmen.

Übrigens kannten schon unsere Ur-Ur-Großeltern den »Achtsamkeitsalarm«. Da hieß er aber noch »Glockenschlag« und kam von der Kirchturmuhr. Und Muslime, die fünfmal täglich ihren Gebetsteppich ausrollen, um zu beten, tun nichts anderes als das: ihre Alltagsroutine unterbrechen und sich für einige Minuten auf sich selbst besinnen.

Manchmal ist man aber so gefangen im Hamsterrad der Arbeit, dass die Gedanken Karussell fahren und nicht zur Ruhe kommen. Oder man ist einfach nicht der Typ für solche Übungen wie: »Sei achtsam und beobachte einfach nur die Bewegung der Blätter im Wind. Denke dabei keinen anderen Gedanken.« Das schaffen die meisten maximal fünf Sekunden – und sind dann doch wieder bei dem heftigen Streit von eben oder der Prüfung morgen. Dann kann eine unkonventionelle Methode helfen, das Karussell zu stoppen und aus einer akut stressenden Situation herauszukommen wie etwa starker Angst vor einem anstehenden Vorstellungsgespräch. Aber sie ist auch für zielloses Grübeln oder permanente Sorgen geeignet.

Psychohack: Die Zockermeditation

Aus der neuropsychologischen Forschung ist bekannt, dass unser Gehirn sich – anderen Vorstellungen von Multitasking zum Trotz – immer nur auf eine Sache gleichzeitig konzentrieren kann. Um einer emotionalen Not oder dem

Gedankenkarussell vorübergehend zu entkommen, braucht es eine intensive Ablenkung, die uns gefangen nimmt. Diese kurze Ablenkung kann zu einer kleinen Erholung führen, die uns neue Kraft gibt. Deshalb empfehle ich, auch wenn sich das komisch anhört: Wenn du total angespannt und kurz vor dem Ausrasten bist, spiel eine Runde eines Handyspiels. Die Konzentration darauf, nicht von der gelben Krabbe gefressen zu werden, bindet tatsächlich deine gesamte Aufmerksamkeit und holt dich so aus der akuten Stresssituation heraus, in der du gefangen warst. Schon fünf Minuten Daddel-Pause, in der man sich nur auf das Spiel konzentriert, durchbrechen das Gedankenkreisen. Es ist eine effektive Möglichkeit, den Kopf freizubekommen. So kannst du wieder auf deine Ressourcen zurückgreifen. Aber wirklich nur fünf Minuten! Deal?

Manchmal braucht es zum Abschalten aber etwas mehr. Denn manche Menschen tun sich besonders schwer damit, ausreichend für sich selbst zu sorgen. Sie reiben sich oft für andere auf und bleiben selbst auf der Strecke. Das nützt niemandem. Vor allem sogenannte Leistungsträger entwickeln manchmal geradezu ein schlechtes Gewissen, wenn sie zur Ruhe kommen. Ihr Hirn rattert immer weiter – und ihr permanenter Stress gibt ihnen, solange der Akku nicht leer ist, sogar Anerkennung, Energie und Zufriedenheit. Viele Deutsche sind – selbst wenn wir in katholisch geprägten Gegenden leben – allesamt preußisch-protestantische Pflichtmenschen. Wir können schlechter den lieben Gott einen guten Mann sein lassen als manche Südeuropäer. Und selbst wenn die Chefs regelmäßige Abschaltpausen tolerieren und sogar fördern, machen viele sich den Druck selbst – etwa indem sie permanent am Smartphone hängen und erreichbar sind. Früher war man in der »Raucherpause« mit sich und schwieg oder plauderte mit anderen Rauchern – heute holt man sich aus dem Smartphone ständig weitere Gründe zur Überlastung. Wer dann nicht mal abends abschalten kann vom Stress des Tages, sollte diesen Hack ausprobieren:

Psychohack: Der Wau-Wau-Walk – notfalls auch ohne Hund

Studien zeigen eindeutig, dass es Hundebesitzern im Schnitt psychisch und körperlich besser geht als ihren hundelosen Mitmenschen – allerdings nur, wenn sie sich wirklich auf den Hund einlassen. Der Grund: Herrchen und Frauchen sind täglich mindestens eine Stunde an der frischen Luft unterwegs – und setzen sich, wenn sie es richtig machen, während dieser Zeit keinem Stress aus. Indem sie ihr Smartphone zu Hause lassen oder zumindest stummschalten und weder aktiv damit kommunizieren noch auf Kontaktversuche reagieren. Stattdessen beschäftigen sie sich mit ihrem Hund und plaudern mit anderen Hundebesitzern. Oder genießen die Zeit mit sich – still auf einer Parkbank oder beim Schlendern. Du hast keinen Hund? Kein Problem: Es geht auch ohne. Und wenn du feststellst, dass du diese Stunde täglich nicht organisiert bekommst, solltest du dir dringend Hilfe suchen oder etwas Grundlegendes ändern in deinem Leben. Weil du es komplett verplant hast und nicht für dich sorgst. Also schreib dir einmal auf, womit du tatsächlich Zeit verbringst – und du wirst fiese Zeitfresser entdecken. Spoiler: Viele davon beginnen mit www.

Hier noch einige weitere Psychohacks zum Runterkommen

Akzeptiere den natürlichen Rhythmus und die Schwankungen deiner Produktivität. Jeder Mensch hat unproduktive Zeiten und Tage. Manche sind Morgenmuffel, andere abends schnell müde. Und fast alle haben mittags ein Tief – weshalb ein »Power Nap«

kein Faulenzen ist, sondern ein Produktivitäts-Booster für den Nachmittag. Niemand kann wochenlang am Stück jeden Tag zehn Stunden Höchstleistung bringen. Nach intensiven Arbeitsphasen gibt es immer ein Ausschwingen mit unproduktiveren Zeiten. Gerade bei geistig Arbeitenden gehören Spaziergänge, Frühstückspausen und auch mal ein »verdaddelter« Tag einfach dazu. Das solltest du bei deiner Zeitplanung für Projekte berücksichtigen. Vor allem aber musst du ausreichend Urlaub nehmen – und ausreichend lange. Die Faustformel für Erschöpfte heißt: In den ersten zwei Wochen zählt jede Woche wie ein Tag, ab der dritten Woche jeder Tag wie eine Woche. Und: Die Entspannung beginnt erst, wenn die Langeweile da ist.

Vielleicht nimmst du dir während einer solchen Ruhephase mal eine Stunde und schreibst auf, was genau dich stresst.

Psychohack: Die Stressliste

Um besser zu verstehen, was dich so anstrengt, hier drei Fragen, die dich dabei unterstützen, vom Lesen ins Denken und dann ins Handeln zu kommen. Unterschätze nicht die Kraft dieser Fragen, der Selbstreflexion und des schriftlichen Beantwortens: Mit dieser einfachen Methode programmierst du dein Unbewusstes auf Erfolg!

1. **Was stresst dich in deinem Alltag am meisten?** Nenne mindestens drei private Aspekte und drei Themen aus deiner Ausbildung oder deinem Job!
2. **Welche Stressventile nutzt du bisher?** Nenne mindestens drei verschiedene!
3. **Was möchtest du ab heute anders und besser machen, wenn es um Stressabbau geht?**

Ein wichtiger Hinweis zum Schluss: Im Konzept der Achtsamkeit liegt auch eine Gefahr – vor allem, wenn sie mit deutscher

Gründlichkeit praktiziert wird. Auch unsere Vorfahren kannten das Wort »achtsam« – aber sie meinten damit ganz selbstverständlich vor allem den Respekt für *andere* Menschen und Dinge, die einem anvertraut worden waren. Die heutige Verengung der Achtsamkeit auf Selbstbetrachtung führt schnell zu egozentrischer Selbstliebe und einem permanenten Egotrip. Und oft auch zur Lebensuntüchtigkeit in praktischen Dingen. Achtsamkeit sollte nicht selbstbezogen machen und auch nicht aktivitätsverhindernd sein. Man darf nicht die praktische Verantwortung für sich und andere vernachlässigen vor lauter Achtsamkeit im Hier und Jetzt. Dieses Extrem ist genauso schädlich wie komplett fehlende Aufmerksamkeit. Respekt ist mindestens die Hälfte der Miete. Also achte (!) darauf, es nicht zu übertreiben.

»Räum endlich deine blöden Socken weg!«

Wie Wertschätzung in der Partnerschaft gelingt

Im Kapitel »Bloß keinen Ärger machen?« habe ich von Jens und Jutta erzählt, die gut streiten können. Was ich nicht erwähnt habe: Ihr Normalzustand ist laut meinem Freund ein liebevoll-partnerschaftlicher und respektvoller Umgang, und auch beim Streiten geht es bei ihnen selten unter die Gürtellinie. Sie sind also anders als das ältere Ehepaar, das ich regelmäßig im Supermarkt beobachte. Deren Umgang miteinander ist grundsätzlich mufflig, mürrisch und missbilligend. Was auch immer einer von beiden sagt, fragt oder in den Wagen legt – die Antwort des anderen ist ein einziges Anschnauzen und Niedermachen. Zwischen den beiden hat sich ein Ton etabliert, der das Gegenteil von wertschätzend ist. Ich bin immer peinlich berührt von ihrem Umgang miteinander, habe Mitleid mit dem jeweils entwürdigten Teil des Paares und kann es kaum ertragen. Aber die beiden nehmen die Beschimpfungen des anderen völlig ungerührt zur Kenntnis – so als sei die verletzende Äußerung nicht geschehen.

Die Intimität einer langjährigen Partnerschaft scheint bei vielen Paaren alle Hemmungen hinwegzufegen. In vielen Beziehungen wird der Ton mit der Zeit immer rauer. Statt Komplimente und liebevolle Worte wirft man sich Vorhaltungen und Vorwürfe an den Kopf. Man meckert permanent aneinander herum oder verfällt in ein bleiernes Schweigen. Die Professorin und Beinahe-Bundespräsidentin Gesine Schwan kleidete diese Beobachtung in einem Interview zum Thema Partnerschaft in den Satz: »Man kann den anderen nicht wie ein Stück Dreck behandeln, nur weil man mit ihm verheiratet ist.«

Zum Glück kann man etwas tun, um dieser traurigen Liebesfalle zu entgehen und gar nicht erst in einen solchen Umgangston zu rutschen.

Psychohack: Der Lob-und-Preis-Tag

Diesen Hack kann man nur zu zweit anwenden. Ihr müsst euch also als Paar dazu verabreden. Die Verabredung lautet: Mindestens einmal im Monat werden wir einen ganzen Tag lang nur wertschätzend miteinander umgehen – egal, was passiert. Selbst wenn einer wieder einmal die Socken liegen lässt, der andere zu spät kommt oder das Essen nicht schmeckt: Beide (!) verzichten konsequent auf Kritik. Ja, auch auf die sonst so beliebte »konstruktive Kritik«. Denn die ist häufig nichts anderes als eine Verletzung, verpackt in einen Ratschlag. Stattdessen gibt's bei euch jetzt mal was Liebevolles auf die Ohren. Am Lob-und-Preis-Tag muss (!) jeder mindestens siebenmal etwas sagen, das dem anderen guttut. Zum Beispiel ein Kompliment machen. Eine schöne Erinnerung erwähnen. Einen Vorschlag für eine Unternehmung einbringen, von der man weiß, dass der andere sich darüber freut. Ein Dankeschön aussprechen für die vielen Dinge, die der Partner einem abnimmt. »Danke, dass du die Mail von Karin so nett beantwortet hast«, »Danke, dass ich mich nie kümmern muss, wenn die Steuererklärung ansteht« oder »Danke, dass du meine Geschwister so nett und tolerant willkommen heißt, wann immer sie herkommen«.

Es ist oft erschütternd und schmerzhaft, zu beobachten, wie schwer Paaren anfangs so ein Lob-und-Preis-Tag fällt, wenn sie in der Gewohnheit des Negativen gefangen waren. Wer aber regelmäßig die Stärken seines Gegenübers lobt und anerkennt, sorgt garantiert für eine bessere Stimmung – bei sich und beim Partner. Mindestens einmal im Monat sollte das möglich sein. Mit einem solchen Tag tritt man sozusagen einen Schritt zurück und sieht so wieder das große Ganze: warum man eigentlich zusammenlebt – und nicht nur, was einen nervt.

Ideal für den Lob-und-Preis-Tag ist übrigens das Hochzeits- oder Jahrestagsdatum. Wenn man also an einem 9. September geheiratet hat, ist an jedem 9. des Monats der Lob-und-Preis-Tag. Jetzt müsstest du also nur noch wissen, wann ihr geheiratet habt ...

Psychohack: Die Zwei-Minuten-Regel

Viele kleine Streitereien in Partnerschaften stehen in keinem Verhältnis zum Anlass. Über kleine Versäumnisse wird immer wieder Streit vom Zaun gebrochen. Gerade bei immer wiederkehrenden Dingen wie dem vergessenen Müll-Rausbringen, dem »falsch« in die Maschine gestellten Teller oder der berühmten schief zugeschraubten Zahnpastatube scheint für viele Partner nicht die Sache selbst im Vordergrund zu stehen, sondern das Gefühl »Das macht der extra! Um mich zu ärgern!«. Dieses Gefühl ist aber meistens abwegig. Dem anderen ist dieses Thema schlicht nicht so wichtig wie einem selbst. Das mag ein wenig achtlos sein, aber immer derselbe fiese Streit deswegen lohnt sich nicht und bringt vor allem nichts außer Trotz. Denn man macht den Partner mit der ständig gleichen Ermahnung wieder zum Kind. Vor allem Frauen neigen dazu, sich als Erziehungsberechtigte ihres Partners zu fühlen. Aber das ist Gift für jede erwachsene Beziehung. Die Zwei-Minuten-Regel besagt: Was ich schnell und ohne große Mühe selbst erledigen kann, mache ich nicht zum Gegenstand eines »erzieherischen Streits«. Das einzelne liegen gebliebene Poloshirt. Die leere Weinflasche auf der Spüle. Die Zeitung auf dem Esstisch. Die morgens nicht zurückgeschlagene Bettdecke. Wie viel Energie will man aufwenden, um deshalb jedes Mal ein Fass aufzumachen? Spar es dir doch einfach, es jedes Mal zur Sprache zu bringen. Das Schweigen tut der Partnerschaft gut – und auch deinen eigenen Nerven.

Psychohack: Cyranos Zettel

Handgeschriebene Zettel oder kleine Wertschätzungsbriefe können wahre Wunder bewirken. Eine kleine Renaissance der analogen Kommunikation tut jeder Beziehung gut. Post-it-Notes, Liebesgrüße auf dem Spiegel mit dem Lippenstift oder mal wieder ein mehrseitiger Brief, der einfach ausschließlich thematisiert, was man konkret am anderen schätzt, hat gleich eine doppelte Wirkung: Denn die psychologische Forschung zeigt, dass es beiden seelisch guttut – dem Empfänger und auch dem Sender.

»Aber es hätte doch so schön sein können ...«

Wenn Träume zu Fesseln werden

Leben heißt auch: Träume haben. Als Kind träumen wir vielleicht von einem lebensgroßen Kuscheltier oder einem Plastikauto mit Elektromotor. Oder vom Leben als Feuerwehrmann oder Prinzessin. Später als Erwachsene ist es dann das Haus am See. Die Weltreise. Die Sport- oder Musikkarriere. Glattes Haar statt Locken – oder umgekehrt.

Manche solcher Träume werden zu Zielen – und man erreicht sie vielleicht irgendwann. Andere bleiben für immer unerfüllt. Das kann sehr schmerzlich sein, wie die ewige Sehnsucht nach dem bereits vergebenen Traummann. Oder der Kinderwunsch, der sich nicht verwirklichen ließ. Solche unerfüllten Träume können uns lähmen. Und dasselbe gilt für das Hängen an Vergangenem. Viele trauern ihr Leben lang der ersten Liebe nach, die auseinanderging. Oder der fröhlichen Kinderschar, die einst durchs Haus tobte. Sie können diesen einen Berufsweg nicht loslassen, der besser zu den eigenen Neigungen und Talenten gepasst hätte. Oder wünschen sich immer noch zurück in das schöne alte Elternhaus. Das passiert auch Menschen, denen es eigentlich gut gehen könnte – wenn sie sich nur verabschieden könnten. Von Vergangenem und von nicht realisierten Lebensträumen, statt auf ewig darin herumzuirren.

Wie kannst du dich aus dem Netz der alten Träume und der »guten alten Zeit« lösen und mehr im Hier und Jetzt leben?

Psychohack: Der Loslass-Brief

Wie gut man loslassen kann, ist erst mal eine Typfrage. Manche können es so gut, dass sie ihre Ziele nie richtig zu packen bekommen und nicht am Ball bleiben. Sie suchen dauernd nach neuen Reizen. Aber vielleicht gehörst du auch zu jenen, die sich schwerer damit tun, einen Traum, eine Gewohnheit, einen Ort hinter sich zu lassen. Du solltest dich nicht grämen, dass du zu dieser Gruppe gehörst. Du bist eben so veranlagt – und damit auch eine treue Seele und ein guter, zuverlässiger Freund. Aber wahrscheinlich belastet es dich selbst, dass du Vergangenem und Unveränderlichem noch Jahre später nachtrauerst, obwohl du das eigentlich nicht willst. Weil neue Türen oft nur aufgehen können, wenn alte endlich geschlossen sind.

Du brauchst ein Ritual und eine äußere Form, um mit etwas abzuschließen. Deshalb setz dich hin und schreibe dir – mit der Hand – selbst einen Brief. Mindestens zwei Seiten sollte er lang sein. Darin beschreibst du in aller Ausführlichkeit, warum du so an deinem früheren Zuhause hängst: weil im Garten die beiden Apfelbäume standen, deren Früchte so gut schmeckten. Weil du mit deiner Schwester auf dem Dachboden diese geheime Räuberhöhle gebaut hattest. Weil es Sonntagvormittag aus der Küche so gut nach Kuchen roch. Weil ihr euch epische Fußballschlachten mit den Nachbarskindern geliefert habt. Weil die Kindergeburtstage so unvergesslich lustig waren. Und dann erklärst du gründlich, warum du die Sehnsucht nach diesem Ort und diesem »Früher« jetzt loslässt: weil dein Elternhaus nämlich auch düster, unpraktisch und schlecht gedämmt war und es wichtig war für dich, deine Kindheit auch räumlich zu verlassen. Egal, was es ist, finde die guten Gründe! Du kannst diesen uralten Berufswunsch ad acta legen, weil du einen anderen Karriereweg eingeschlagen hast, der dich ebenfalls zufrieden macht. Oder die große Liebe, weil dich eigentlich nur die

Abfuhr schmerzte und du dir gar nicht vorstellen könntest, heute mit ihr zu leben. Dir wird auch klar, dass du gar kein guter Fußballer warst, auch wenn es dir Riesenspaß gemacht hat. Du weißt wieder, dass es klare medizinische Gründe gab, aus denen ihr nicht schwanger werden konntet, dass ihr eine künstliche Befruchtung mit Hormonbehandlung nicht wolltet und jetzt glücklich seid mit eurem Leben und den vielen Nichten und Neffen. Und dir leuchtet ein, dass ein Leben als Prinzessin viel anstrengender und unattraktiver ist, als du damals dachtest.

Die meisten reflektieren ihre idealisierten Lebensträume nicht – und gleichen sie nicht mit ihren Kenntnissen, Fähigkeiten und Neigungen ab. Das genau tust du jetzt mit deinem Brief. Das beseitigt die Trauer noch nicht, aber es lenkt dein Unterbewusstsein auf den richtigen Weg.

Psychohack: Die Rosine

Um dich gegen Vergangenheitsträumereien zu wappnen, solltest du bewusst üben, mehr Zufriedenheit im Hier und Jetzt zu erlangen. Diese Fähigkeit kannst du schulen – zum Beispiel durch das bewusste Wahrnehmen kleiner Dinge. Auch wenn es dir komisch vorkommt: Setz dich an den Küchentisch, leg eine Rosine vor dich und betrachte sie gründlich. Tue fünf Minuten lang nur das und blende alles andere aus, so gut du kannst. Wie genau würdest du die Farbe der Rosine beschreiben? Wie verlaufen die Linien der schrumpeligen Falten, und wie viele sind es? Wo erkennst du noch die Struktur der Weintraube, die diese Rosine einmal war? Wie fühlt sie sich an? Und dann steckst du sie in den Mund und spürst dem süßen Geschmack nach. Ertastest mit der Zunge die Textur der Rosine. Spürst, wie viel Widerstand die Haut deinen Zähnen leistet. Wie sich das Weiche unter der ledrigen Haut anfühlt. Und ob es anders schmeckt.

Deine Gegenwart besteht aus unendlich vielen faszinierenden Dingen. Beschäftige dich damit und genieß, was du hast und was jetzt und hier um dich ist, statt dem nachzutrauern, was du verloren oder nie bekommen hast.

Und wenn du dich doch mal wieder dabei ertappst, dich in vergangenen Träumen zu verlieren, kannst du auch den Kneifzangentrick anwenden, also ein bewusstes Stoppzeichen setzen (siehe Seite 209).

Ja, Krisen kann man proben!

Ein ungewöhnliches Trainingswochenende

Natürlich beschäftigt mich berufsbedingt das Thema Krise immer wieder. Irgendwann habe ich mir dazu ein etwas ungewöhnliches Experiment überlegt. Um dies zu realisieren, brauchte ich vier passende Leute. Die musste ich suchen. Es würde also Geduld gefragt sein – nicht gerade meine größte Stärke. Aber da musste ich jetzt durch.

Nummer 1

Britta, Mitte vierzig, kam an einem Dienstagabend zu mir in die Praxis. Sie suchte mich auf, weil sie unter krankhafter Harmoniesucht litt. »Wenn ich spüre, dass sich am Horizont eine Meinungsverschiedenheit zwischen zwei Menschen abzeichnet, werde ich unruhig. Ich will dann am liebsten weggehen – oder mir eine Decke über den Kopf ziehen. Aber das geht natürlich nicht. Meistens bemerkt niemand etwas, aber als es neulich in einer Sitzung mal richtig hoch herging und zwei Abteilungsleiter sich regelrecht anbrüllten, da bin ich irgendwann offenbar schreiend rausgelaufen. Ich kann mich gar nicht mehr daran erinnern, wie genau es kam, dass ich plötzlich zitternd auf dem Flur saß und ein Sanitäter mich beruhigen musste. Meine Chefin hat in den Tagen danach mit mir gesprochen, sehr nett, und mir empfohlen, mich doch mal mit jemandem wie Ihnen zu unterhalten.« Auf meine Frage erzählte Britta mir, dass es zwischen ihren Eltern regelmäßig laute und hässliche Streits gegeben hatte, die oft eskalierten und in Gewalt ausarteten. Kein Wunder, dass die arme Frau ein Trauma davongetragen hat. Als ich sie fragte, wie es ihr denn gehe, wenn sie selbst Partei in einem Streit sei, sah sie mich erst völlig verblüfft an und musste dann beinahe lachen. »Ich in einem Streit? Das kommt niemals vor. Ich gebe immer nach, bevor für andere überhaupt zu ahnen ist, dass ich etwas anderes wollen könnte als sie. Ich habe da sehr feine Antennen. Schließlich will ich nicht ...« – ihre Unterlippe zitterte – »meine Freunde verlieren und allein sterben.« Uff! Britta hatte nie gelernt, ihre Meinung zu äußern, weil sie Angst hat, dass Disharmonie gleichbedeutend ist mit dem Verlust ihrer Freunde. Das ist hart.

Nummer 2

Torsten, ein schmaler Mann Ende vierzig, rutschte hypernervös auf seinem Stuhl hin und her und war nicht in der Lage, während des Gesprächs sein Smartphone wegzulegen. Also fragte ich ihn, was er denn da so oft checken müsse. »Den Börsenkurs unseres wichtigsten Kunden. Nicht dass der uns wegbricht!« Obwohl wir November hatten, stand ihm dabei der Schweiß auf der Stirn. Torsten ist dabei keineswegs Unternehmer. Er ist Angestellter in der mittleren Ebene eines mittelständischen Zulieferers für die Autoindustrie. Und offenbar hochidentifiziert mit seinem Job und seinem Betrieb. »Ich hasse Unsicherheit – vor allem, wenn sie die Firma betrifft. Ich schaue jeden Morgen und jeden Abend im Vertrieb vorbei, um mitzubekommen, wie die aktuelle Auftragslage ist. Die sind schon ziemlich genervt, weil das überhaupt nicht meine Abteilung ist. Ich bin in der Produktion. Aber ich muss das wissen! Sonst mach ich nachts kein Auge zu.« Meine Frage, ob er Familie und enge Freunde habe, beantwortete er zunächst ausweichend und erzählte dann, dass seine Firma seine Familie sei. »Außer die vom Betriebsrat!«, stieß er plötzlich hervor. Auf meinen überraschten Blick hin erläuterte er, dass der Betriebsrat mit seinen ständigen Forderungen und seinem permanenten Genörgel das Unternehmen gefährde. Aber auch Einladungen der Geschäftsleitung zu außerordentlichen Betriebsversammlungen trieben seinen Puls hoch. »Ich denke jedes Mal: Das war's jetzt. Rezession. Massenentlassungen. Insolvenz. Und seit der Pandemie und dem Krieg rechne ich täglich mit dem Untergang der Firma.« Torsten ist mit seinem Betrieb verheiratet – und leidet bei jeder Unruhe und bei jedem Konflikt übermäßig.

Nummer 3

Dirk ist ein etwas angespannt wirkender Familienvater. Seine Frau hat ihn vor die Wahl gestellt: Therapie oder Trennung. Der Grund: Dirk ist krankhaft ehrgeizig und kann nicht mit Niederlagen umgehen. Und weil er sich selbst beim Malefiz-Spielen mit seinen beiden Kindern (sechs und acht) nicht beherrschen kann und laut brüllend das Brett durchs Zimmer schmeißt, wenn er verliert, saß er dann irgendwann bei mir. »Im Beruf hilft mir mein Ehrgeiz ja teilweise, und meine Chefs mögen es, dass ich Rückschläge und Niederlagen nicht akzeptiere und mich wie ein Terrier in die Aufgabe verbeiße, die Scharte wieder auszuwetzen. Aber im Leben mache ich mir keine Freunde mit meinem Drang, immer der Sieger zu sein. Das war schon in der Schule so – bei Ballsportarten, bei Klassenarbeiten, auf dem Schulhof. In der Uni war ich der, der vor Klausuren die Lehrbücher in der Bibliothek absichtlich verräumt hat, damit die anderen sich nicht vorbereiten können. Und ich bin schon aus mehreren Skatrunden rausgeflogen. Obwohl ich mich immer auf die Geselligkeit gefreut habe. So, wie ich mich auch immer darauf gefreut habe, mit den Kindern Brettspiele zu machen. Aber das ...« – er musste schlucken – »ist leider vorbei. Ich habe ihnen zu viel Angst gemacht mit meinen

Wutanfällen. Echt traurig.« Dirk hat nie gelernt, dass Niederlagen zum Leben gehören und man sie wegstecken muss.

Nummer 4

Julia erscheint eine Stunde zu spät, beharrt aber darauf, der Irrtum liege bei mir. Als ich ihr den Outlook-Kalendereintrag zeige, den sie bestätigt hat, entschuldigt sie sich nicht etwa, sondern wirft mir vor, in meiner Signatur stehe eine falsche Hausnummer, weshalb sie eine Stunde lang herumgeirrt sei. Meinen Hinweis, dass das doch schon anderen aufgefallen wäre, wenn es stimmte, lässt sie nicht gelten. Entsprechend gereizt ist die Stimmung, als wir darüber sprechen, warum sie hier ist. »Mein Mann behauptet, ich könne keine Fehler zugeben. Aber da liegt er falsch. Und meine Chefs genauso.«

»Aber wie kommen die denn alle darauf?«

»Ach, nur weil ich ein paarmal vergessen habe, Bescheid zu sagen, wenn ich etwas vergessen oder verbummelt habe. Letzten Sonntag wollte mein Mann Kuchen backen. Ich war am Samstag mit Einkaufen dran, habe aber das Mehl vergessen. Als er mich später fragte, ob ich Mehl gekauft hätte, hab ich wohl etwas schnippisch ›Ja, natürlich!‹ gesagt. Ich meine, was soll denn diese misstrauische Frage?! Na, und als am Sonntag das Mehl fehlte, da hat es ihm gereicht. Und abends, als die Wahlsendung im Fernsehen kam, bei der dieser Schlappschwanz von Ministerpräsident sich hingestellt und gesagt hat: ›Ich habe verloren. That's it. So ist das Spiel‹, da hat er zu mir gesagt: ›Siehst du? Genau diese Fähigkeit fehlt dir.‹ Das würde mich ja nicht so groß jucken, aber da ist auch noch diese Abmahnung. Ich habe bei der Arbeit etwas verschludert, das wohl wichtig war, und sie stellen es so dar, als hätte ich das danach absichtlich vertuscht. Dadurch hätte die Firma angeblich einen noch viel größeren Schaden.« Sie sieht mich kühl an: »Die haben wohl ein miserables Risikomanagement da.«

Nachdem ich meine vier Teilnehmer beisammenhatte, konnte ich loslegen.

Psychohack: Das Krisencamp

Ich lud meine vier Probanden auf eine kleine Reise ein. Wir waren ein Wochenende lang zusammen, und ich habe die Runde absichtlich in Krisen gestürzt. In Rollenspielen haben wir geübt, Konflikte, Kräche und Katastrophen zu ertragen. Britta musste zuerst aushalten, wie Dirk und Julia sich lautstark stritten – und sich dann sogar einmischen. Torsten musste Bewerbungsgespräche bei anderen Firmen üben – und sich an der abendlichen Geselligkeit und Rumalberei beteiligen. Dirk musste gegen die weitaus stärker spielende Julia eine Schachpartie nach der anderen absolvieren und nach jeder Niederlage aufstehen, der Gegnerin die Hand schütteln und ihr lächelnd gratulieren. Und Julias Aufgabe war es, sich während einer Sitzung in die Zimmer der drei anderen zu schleichen, dort Chaos anzurichten und dann reinzukommen und jedem ihre Taten zu beichten.

Was das mit dir zu tun hat? Wenn du auch allergisch bist gegen Krisen und Konflikte, wenn du Niederlagen nicht erträgst und Schwächen und Fehler nicht eingestehen kannst, dann empfehle ich dir: Werde krisenerprobt, indem du Krisen probst! Setz dich bewusst genau den Situationen aus, die du so hasst. Du wirst sehen: Je häufiger du die Erfahrung machst, dass du souveräner als früher mit Krisen umgehen kannst, desto gelassener blickst du auf kommende Krisen. Auch auf die echten. Das Ziel heißt Krisenresistenz. Denn Glück und Harmonie sind immer nur Momentaufnahmen und niemals ein Dauerzustand. Wer das nicht beherzigt, empfindet jede Wolke vor der Sonne, jeden Konflikt in der Beziehung oder im Job schon als Katastrophe und läuft weg. Also: Sammle Krisenerfahrung. Denn Weglaufen macht nichts besser. Zu viel Harmonie bremst die Persönlichkeitsentwicklung aus. Mit dem Betrieb verheiratet zu sein ist ungesund. Maßloser Ehrgeiz macht unsympathisch, einsam – und keineswegs immer erfolgreich. Und erst das Eingestehen von Fehlern und Schwächen eröffnet den Prozess der Weiterentwicklung. Das gilt vor allem für die, die normalerweise viel und gern über ihre Stärken und Erfolge reden. Wer sowieso permanent seine Schwächen betont, sollte öfter mal über seine Erfolge sprechen. Aber das ist ein anderes Kapitel.

Friede, Freude und Verlogenheit

Wie geht man mit alten Kränkungen in der Familie um?

Empfindest du den betont fröhlich ausgesprochenen Satz »Also, bei uns in der Familie war immer alles in Ordnung!« auch oft wie eine Ohrfeige und fast wie eine Art Vorwurf? Weil du aus einer Familie kommst, die dir Wunden zugefügt hat? Und weil du diese Wunden mit dir herumträgst, während andere fröhlich pfeifend und scheinbar unbelastet durchs Leben spazieren? In diesem einen Punkt kann ich dich beruhigen: Es gibt keine perfekten Eltern und es gibt keine Familien, aus denen niemand mit einer Narbe hervorgeht. Dafür ist das Zusammenleben mit Eltern und Geschwistern viel zu eng und dauert viel zu lange. Eifersucht, Neid, Kränkung, Missachtung, Egoismus – all das haben wir alle in der Kindheit schmerzlich am eigenen Leib kennen und irgendwie ertragen gelernt. Zugleich haben wir den anderen Verletzungen zugefügt. Und wir können von Glück sagen, wenn es ein Gegengewicht gab durch Liebe, Zugewandtheit, Solidarität und Großzügigkeit – und wenn wir nicht beim Therapeuten sitzen, weil wir auch noch Lieblosigkeit, Gewalt und Missbrauch erfahren haben.

Dass sich jeder, der »Alles in Ordnung« flötet, etwas vormacht, kannst du übrigens leicht überprüfen, indem du so einen fröhlichen Harmoniepfeifer einfach mal behutsam hinterfragst: »Na ja, das eine oder andere Problem wird es bei euch schon gegeben haben, oder? Wäre ja ganz normal.« Du wirst auf massive Abwehr stoßen. Und je schärfer das Leugnen, desto höher ist der Leichenstapel im Keller. Die Tragik solcher Verdränger ist: Gerade diejenigen, die ihnen am meisten geschadet haben, obwohl sie ihnen maximal vertrauten, setzen sie ihr Leben lang auf den höchsten Thron – weil sie gar nicht ertragen könnten, anzusehen, was ihnen passiert ist und dass sich das nicht mehr ändern lässt.

Aber kommen wir zurück zu dir. Du weißt um die Wunden der Vergangenheit – und musst ja weiterhin klarkommen mit diesen Menschen. Weil es nun mal, anders als bei Beziehungen, keine Ex-Eltern und keine Ex-Geschwister gibt. Wir treffen lebenslang immer wieder aufeinander, und die alten Wunden beginnen wieder zu schmerzen, als seien sie ganz frisch. Aber die meisten wollen nicht, dass jedes Familientreffen eskaliert und sich alles permanent wiederholt. Was also kann man tun? Hierzu ein Hack für die akute Situation und ein allgemeiner Tipp.

Psychohack: Die Zigarettenpause – auch für Nichtraucher

Du sitzt mit der Familie zusammen, die ersten Alkoholika sind bereits getrunken, und dein Vater beginnt wieder mit der selbstgerechten Verklärung seines früheren Verhaltens. Du spürst, dass in dir die alte Wut hochsteigt, und die Vorwürfe, die du ihm zum x-ten Mal entgegenschleudern willst, liegen dir bereits auf der Zunge. Neidisch siehst du, wie deine Schwester sich seufzend erhebt und verkündet: »Ich geh erst mal eine rauchen.« Dass du Raucher um ihre Sucht beneidest, ist sehr selten, aber jetzt ist so ein Moment. Mein Tipp: Geh einfach mit. Und wenn niemand rausgeht, machst du es eben allein. Wenn du dich einer Situation entziehen willst, die gerade zu eskalieren droht, verhalte dich wie ein Raucher und geh fünf Minuten an die frische Luft. Oder sag: »Der Hund muss mal raus.« Verlasse also die Runde, wenn es gerade am, nun ja: spannendsten wird, und komm dann deutlich runtergekühlt wieder rein. Das entspannt zumindest die akute Situation und fängt hoffentlich die ultimative Eskalation ab.

Wenn du aber spürst, dass es jemand auf genau diese Eskalation anlegt, genügt keine Raucherpause. Dann solltest du deine Sachen nehmen und gehen. Notfalls in ein Hotel. Niemand kann dich zwingend, dich in eine wütende Hornisse zu verwandeln, wenn du selbst das nicht willst.

Psychohack: Versöhn dich mit dir selbst

Leicht gesagt, ich weiß. Aber wenn dir daran gelegen ist, dein Verhältnis zu den Familienmitgliedern, die dich verletzt haben, auf eine neue Grundlage zu stellen und eine echte Versöhnung zu erreichen, dann musst du wissen: Vorwürfe verhindern Frieden. Und das bedeutet: Zuerst müssen die Vorwürfe, die du dir selbst machst, vom Tisch. Wenn man sich selbst nicht als in Ordnung betrachtet, kippt man schnell in Vorwürfe gegen andere. Und blockiert so jedes vernünftige Aufeinander-Zugehen. Psychische Stabilität ist die Grundlage für Konfliktlösung. Solange wir also unser eigenes Zeugs nicht geregelt kriegen, ist eine Familienaussprache schwierig. Wer zum Beispiel unter Stress, Ängsten oder auch Drogen- oder Alkoholproblemen leidet, sollte immer erst an sich selbst arbeiten – auch wenn er die Ursache bei anderen sieht. Solange du in einem Vorwurfmodus bist, ist eine Versöhnung sehr unwahrscheinlich. Also besser dreimal ums eigene Haus gehen, anstatt den anderen Familienmitgliedern zu sagen, was sie für Vollpfosten sind. Ein Neuanfang ist erst dann sinnvoll, wenn keine Vorwürfe mehr im Raum stehen. Dann sind Versöhnungen definitiv möglich. Nicht selten ist es übrigens ein gemeinsames Leid, wie ein familiärer Todesfall, das alte Wunden unwichtiger werden lässt und die Brücke über den Graben der Vorwürfe hinweg schlägt.

Aber Aufarbeitung und Versöhnung sind kein Muss. Viele Familien haben sich damit arrangiert, dass sie die Wunden vernarben lassen und nach dem Motto »Schwamm drüber« miteinander umgehen. Wenn alle sich daran halten, nicht an alte Verletzungen zu rühren, und wenn alle Triggersätze vermeiden, die mit »Ich habe ja nie …« und »Du warst ja immer …« beginnen, kann das durchaus ein Modus sein.

»Schaff ich doch sowieso nicht …«

Wie du negatives Denken bekämpfst

Noch nicht mal aufgestanden und schon ein misslungener Tag? Die Menschen, die davon betroffen sind, wissen es meist selbst: Die Überzeugung, dass das Glas halbleer ist statt halbvoll, bremst sie aus. Natürlich geht es nicht darum, alles kritiklos toll zu finden – aber mit der Überzeugung, dass alles immer schiefgehen wird und alle anderen besser sind als man selbst, kommt man im Leben nicht so recht weiter. Und geht seinen Mitmenschen gehörig auf die Nerven. Wenn du zu denen gehörst, die immer wieder zum negativen Denken neigen und sich selbst in eine Spirale nach unten ziehen, dann tröstet es dich vielleicht, dass du mit deinen Selbstbeschimpfungen nicht allein bist. Wissenschaftliche Studien zeigen, dass fast jeder Mensch Selbstgespräche führt – und dass die meisten dieser Selbstgespräche tatsächlich negativer Art sind. Aber es gibt ein paar Hacks, mit denen du dieser negativen Perspektive entkommen kannst.

Psychohack: Die Kneifzange

Diesen Hack habe ich bereits als Anti-miese-Laune-Trick im »Vierfachen Block« empfohlen. Wenn du merkst, dass du gerade in die Negativspirale rutschst: Kneif dich so fest in die Innenseite des Unterarms, dass es wirklich wehtut. So kannst du den pessimistischen Automatismus durchbrechen. Dazu musst du wissen: Tierisches und menschliches Verhalten lässt sich konditionieren. Das bedeutet, dass wir uns durch Reizkoppelungen ein bestimmtes Verhalten an- oder abtrainieren können. Wir tun dann Dinge, wenn und weil wir dafür belohnt werden – oder wir lassen es, weil wir mit einer Bestrafung rechnen müssen. Bei Tieren arbeitet die Lernforschung mit Futter oder Elektroschocks. Da Elektroschocks bei negativen Gedanken zwar super wirken würden, aber doch etwas zu heftig sind, empfehle ich Kneifschocks. Die zwirbeln auch ganz schön und machen dir deine Selbstschädigung bewusst. Zieh das mal vierzehn Tage durch und du wirst feststellen, dass deine negativen Gedanken deutlich weniger werden und du dich echt besser fühlst. Und nicht vergessen, egal was passiert: Es gibt immer eine Lösung!

Psychohack: Die Balou-der-Bär-Methode

Die wenigsten werden es bestreiten: Fast alles auf der Welt hat sowohl positive als auch negative Seiten. Das Neun-Euro-Ticket war eine tolle Möglichkeit, im Sommer 2022 beinahe für umme durch Deutschland zu gondeln und sich selbst in München eine U-Bahn-Fahrt leisten zu können – aber natürlich waren die Züge überfüllt und oft auch unpünktlich. Ein abendliches Nudelgericht mit einem Glas Wein kann die Glückseligkeit auf Erden bedeuten – aber natürlich hat es viele Kalorien. Im Garten Kaffeetrinken im August ist herrlich – aber natürlich kommen auch Wespen vorbei. Mich für das große Projekt zu melden bringt mir sicher Spaß und Anerkennung von der Chefin – aber ich krieg das sicher sowieso nicht hin.

Hast du es gemerkt? Ich habe alle Beispiele nach dem Muster aufgebaut, das typisch ist für negatives Denken: Alles Positive wird so lange auf Nachteile untersucht, bis man einen gefunden hat. Und am Ende, als letztes Ergebnis, stand immer der Einwand. Du kannst diesen Blick auf das Leben aber auch umdrehen: Such in allem auch das Positive. Diese Denkweise kannst du regelrecht trainieren. Und damit du es nicht vergisst, kannst du ein Foto von Balou dem Bären am Kühlschrank oder ein Bild deiner fröhlich strahlenden Nichte als Hintergrundbild deines Smartphones als Gedächtnisstütze nutzen.

Der manchmal zu hörende Rat, sich völlig abzuschotten von negativen Dingen wie etwa Nachrichten, führt meiner Meinung nach in eine Sackgasse. Natürlich ist es klug, sich nicht allem dauernd auszusetzen, aber komplettes Wegsehen führt zu leicht dazu, dass du irgendwann auch wegschaust, wenn dein Blick absolut gebraucht wird – etwa bei Gewalt in der Familie. Oder wenn sich die Mahnungen im Briefkasten stapeln. Wichtig ist, dass du deine eigenen Kräfte stärkst, also etwas für dich tust. Das gibt dir die Kraft, deinen negativen Blick zu verändern.

Psychohack: Konfrontation

Wenn du das negative Denken eher auf die harte Tour loswerden willst, dann konfrontiere dich mal mit der echten Härte des Lebens: Mach ein Praktikum in einem Hospiz oder auf einer Kinderkrebsstation. Oder arbeite ehrenamtlich bei einem Kältebus für Obdachlose oder bei der »Tafel« in deinem Heimatort mit. Ich verspreche dir: Du wirst danach nie wieder jammern über einen etwas volleren Zug oder darüber, dass deine Kassenschlange mal wieder die langsamste ist.

»Ist das jetzt das Ende?«

Nur zwei Betten oder doch schon Trennung?

Im November 2021 postete der Schlagersänger Jürgen Drews auf Instagram: »Das Geheimnis unserer langen, glücklichen Ehe: getrennte Schlafzimmer!« Abgesehen davon, dass man nicht zwingend wissen wollte, wie die Schlafzimmersituation im Hause Drews aussieht, waren die Reaktionen doch interessant. Man bekam das Gefühl, dass sehr viele Menschen es weiterhin für das wichtigste Kennzeichen einer Ehe halten, dass man im selben Bett schläft. Und entsprechend den Anfang vom Ende einer Ehe gekommen sehen, wenn Menschen erzählen, dass sie getrennt schlafen. Auch die Redensart, mit der eine Ehe als zerrüttet gekennzeichnet wird, spricht Bände: »Getrennt von Tisch und Bett«. Und so lösen Promis wie Jürgen Drews oder Jürgen von der Lippe (der sogar getrennt von seiner geliebten Frau *wohnt*, und das seit Jahrzehnten) mit solchen »Enthüllungen« noch immer Verunsicherung aus.

Wenn getrennte Schlafzimmer überhaupt etwas mit dem Zustand der Beziehung zu tun haben, dann sind sie jedoch meiner Meinung nach nicht ein Zeichen für Verunsicherung, sondern im Gegenteil für Klarheit. Die räumliche Trennung der Nachtlager kann helfen, herauszufinden, wie viel Nähe man noch will. Und sie kann eine Partnerschaft, die in der Sackgasse steckt, in die richtige Richtung schieben – zur Trennung oder zur wiedergefundenen Liebe. Wenn der Grund zum Beispiel ist, dass die Frau sich männlichem Dominanzverhalten wie allabendlichem, unromantischem Grabschen entziehen will, kommt Dynamik in die Diskussion über dieses Verhalten, wo vorher offenbar Stillstand war. Sind die Partner noch bereit, aufeinander einzugehen? Wenn einer morgens nicht gern kuschelt, respektiert der andere das? Geht man nur dann gemeinsam ins Bett, wenn auch wirklich beide müde sind, oder fühlt sich einer von beiden dazu genötigt? Das klare Aussprechen der eigenen Bedürfnisse und Wünsche ist hier wie so oft die beste Lösung – und diese Kommunikation kann durch den Auszug aus dem gemeinsamen Schlafzimmer ins Rollen gebracht werden.

In den allermeisten Fällen aber hat das Bedürfnis nach einem getrennten Schlafraum ganz andere, viel pragmatischere Gründe. Zum Beispiel unterschiedliche Schlafrhythmen: Wenn der eine Partner gerade eingeschlafen ist, kommt der andere erst ins Bett oder hat noch das Licht an und raschelt mit den Buchseiten. Dafür wacht der Spätschläfer auf, wenn der andere sich morgens um sechs rausschleicht und »nur ganz kurz« Licht macht, um noch ein paar Klamotten aus der Kommode zu kramen. Auch die Temperatur- und Lüftungsfrage kann zum Problem werden. Fenster auf oder zu? Warm oder kalt? Und dann natürlich das Thema Nummer 1: das Schnarchen. Wer nicht schlafen kann, weil der Partner schnarcht, der sollte den Mut haben, das Problem anzusprechen. Man geht dann meistens erst mal durch eine recht sinnlose Phase von Schuldzuweisungen – sinnlos, weil es weder bewusst steuerbar ist, ob man schnarcht, noch, ob man dadurch am Schlafen gehindert wird. Aber es lohnt sich, am Ball zu bleiben – denn permanent gestörter Nachtschlaf kann nicht nur Individuen belasten, sondern auch die Partnerschaft. Und regelmäßig geweckt wird ja auch der, der schnarcht – weil der andere ihn ständig verzweifelt anschubst oder anspricht, damit er sich doch bitte auf die Seite drehe. An diesem Punkt sind getrennte Schlafzimmer schlicht die Rettung – für jeden Einzelnen und für beide als Paar. Übrigens haben Studien gezeigt, dass die Schlafqualität von Frauen sehr viel stärker von getrennten Betten profitiert als die von Männern. Allerdings fällt es vielen schwer, diesen Wunsch zu artikulieren, weil das oben zitierte Gedankengebäude in den Köpfen herumspukt, wonach getrenntes Schlafen der erste Schritt zum getrennten Leben ist. Wie also bringst du deinen Wunsch auf den Tisch?

Psychohack: Behutsame Offenheit

Zuerst solltest du mit dir selbst ehrlich klären, ob es wirklich nur ums getrennte Schlafen geht oder doch um einen Einstieg in den Ausstieg wie beim berüchtigten »Ich möchte, dass wir eine Pause machen«. Und wenn du dir darüber klar bist, dass du dir einfach nur besseren Schlaf für beide wünschst, mach dir bewusst, dass dein Partner noch nicht an diesem Punkt sein kann. Deshalb solltest du sensibel kommunizieren und auf ein anfängliches Erschrecken gefasst sein. Du kannst das Gespräch etwa so beginnen: »Ich weiß, das klingt jetzt krass für dich. Für mich übrigens auch. Aber weil mir unsere Partnerschaft wichtig ist, spreche ich es trotzdem an. Ich möchte ausprobieren, wie es ist, wenn wir mal getrennt schlafen.« Wichtig ist, dass du hervorhebst, dass eine solche Entscheidung auch für dich eine Umstellung und einen Verlust bedeutet und dich keineswegs kaltlässt. Um die Nähe zu bewahren, kannst du eine regelmäßige »Date Night« vorschlagen, damit die Intimität und Nähe gesichert sind. Auch ein gemeinsamer morgendlicher Kaffee im Bett bestätigt euch beiden, dass an eurer Zweisamkeit nichts hakt. Und in manchen Fällen kann eine Hybridvariante die Lösung sein: Wenn ein Partner zum Beispiel nur dann schnarcht, wenn Alkohol oder eine Erkältung im Spiel ist, kann man das Getrenntschlafen auf diese Nächte beschränken. Dasselbe gilt, wenn für einen oder beide aufgrund eines wichtigen Vorhabens, eines frühen Termins, einer bevorstehenden langen Autofahrt oder Ähnlichem der erholsame Schlaf wichtiger ist als die vertraute Nähe.

Und noch ein Tipp: Nachdem du den Mut gefasst hast, das Thema anzusprechen, solltest du noch mehr als sonst darauf achten, die täglichen kleinen Liebesgesten und -zeichen zu pflegen. Damit gar nicht erst das Gefühl aufkommt, du würdest dich innerlich entfernen.

Und wenn es doch auf eine Trennung hinausläuft? Wie vermeide ich, dass das Drama mich total umhaut und dauerhaft aus der Bahn wirft?

Psychohack: Die Erfülltes-Leben-Methode

Die schlechte Nachricht: Eine Trennung ohne Trümmerfeld ist nur möglich, wenn die Liebe schon lange tot ist. Alles andere tut nun mal weh. Immer. Aber du kannst dich dagegen wappnen, vollkommen neben der Spur zu sein und gar nicht wieder auf die Beine zu kommen – indem du etwas für deinen Selbstwert tust. Hilflose Opfer extremen Trennungsschmerzes sind vor allem die Menschen, deren Identität nicht aus ihnen selbst kommt, sondern aus der Partnerschaft. Wer ein erfülltes Leben im Außen hat und nicht die Beziehung als alleiniges Lebensthema und einzigen Halt, den schmerzen Trennungen nicht ganz so heftig. Also erhalte deinen gesunden Selbstwert – indem du gut für dich selbst sorgst. Dann kannst du alle Katastrophen einigermaßen souverän meistern, die dir im Leben widerfahren. Und du bist auch besser vorbereitet auf eine Partnerschaft und die unvermeidlichen Konflikte. Frage dich zum Beispiel mal: Verbringst du mehrere Abende im Monat mit deinem Hobby oder mit Freunden – ohne deinen Partner? Hast du überhaupt ein Hobby? Wenn nicht: Was wolltest du eigentlich immer schon mal lernen – was deinen Partner vielleicht nicht die Bohne interessiert? Ja, einen Tangokurs kann man auch allein belegen. Kurz: Finde dich selbst – dann klappt's auch mit der Partnerschaft.

»Kann mich mal bitte jemand wegbeamen?!«

Ein Ehrenplatz für peinliche Momente

Es war ein rauschendes Einweihungsfest. Und ein berauschendes. Entsprechend angezählt war ich, als gegen halb vier Uhr früh die letzten Gäste gegangen waren und ich mich für die erste Nacht in meiner neuen Wohnung bereit machte. Nur noch kurz aufs Klo, weg mit den Klamotten, ah, wie frei sich das anfühlte, durch den Flur zurück ins neue Schlafzimmer, die Tür fiel hinter mir zu ... und ich stand im Treppenhaus. Mit wirrem Haar und einer Gin-Tonic-Fahne, die es ganz von allein bis in den vierten Stock schaffte. Und vor allem: splitternackt. Die vermeintliche Schlafzimmertür war die Wohnungstür gewesen. Und da man einem nackten Mann nicht in die Taschen fassen kann, hatte ich natürlich keinen Schlüssel bei mir. Ausgesperrt. Die anderen Mieter des Hauses waren vermutlich ohnehin genervt wegen der lautstarken Party. Und trotzdem blieb mir kein anderer Ausweg, als irgendwo zu klingeln und mich vorzustellen: »Hallo, ich bin Ihr neuer Nachbar. Ich weiß, es ist vier Uhr morgens, aber meine Hosen liegen in meiner Wohnung. Genau wie mein Schlüssel. Könnten Sie einen Schlüsseldienst anrufen? Und mir ein T-Shirt und eine Hose leihen?«

Jeder hat diese »Hall of Shame« seiner schlimmsten Fehlleistungen. Die abfällige Bemerkung über den Kollegen, der im selben Moment um die Ecke bog und alles gehört hatte. Die schlüpfrige Begrüßung der Freundin am Telefon – aber es war ihre Mutter dran. Die Frage an die Nachbarin, mit Blick auf den Bauch, wann es denn so weit sei – und sie war überhaupt nicht schwanger. Die überhebliche Zurechtweisung des Kollegen wegen eines Rechenfehlers – der sich dann als eigener Denkfehler entpuppte. Die Knutscherei mit der Kollegin bei der Weihnachtsfeier – und der vermeintliche Sichtschutz war eine Glastür, wie der ganze Betrieb am nächsten Tag zu berichten wusste. Solche Episoden verfolgen uns oft unser Leben lang. Weil das Gefühl der Scham direkt verknüpft ist mit der Angst vor dem Ausschluss aus der Gemeinschaft, gegen deren Regeln man verstoßen hat. Und dieser Ausschluss war und ist eine existenzielle Bedrohung.

Bei mir tauchten die Erinnerungen an Momente, in denen ich gern im Boden versunken wäre, früher gern in der Einschlafphase auf und ließen mich immer wieder aufs Neue erschaudern. Das Gefühl der Peinlichkeit kennt offenbar kein Mindesthaltbarkeitsdatum. Noch Jahre nach dem Erlebnis schütteln wir uns vor Grausen. Und wünschen uns, es wäre nie geschehen.

Aber wieso drehen wir den Spieß nicht einfach um?

Psychohack: Der Trophäentrick

Kauf dir ein richtig schönes Notizheft: wertiges Papier, ein geschmackvoller Einband, angenehmes Format. Und dann setz dich hin und erinnere dich an deine schlimmsten Momente der Scham: Stell dir dazu vor, du bist auf einer Party, und zu fortgeschrittener Stunde soll jeder ein peinliches Erlebnis erzählen. Als das Spiel aufgerufen wird, möchtest du am liebsten gehen, aber das geht nicht. Schließlich ist es deine Hochzeitsparty. Vor dir sind vier andere Leute dran. Und verrückterweise erntet einer lautere Lachstürme und größeren Applaus als der andere. Weil sie unfassbar lustige Geschichten erzählen – und zwar nicht verdruckst, sondern genüsslich und gekonnt! Dir steht inzwischen der Mund offen und du beneidest die anderen geradezu um ihre Fettnäpfchen-Ausflüge. Fieberhaft überlegst du, welches deine lustigste Peinlichkeit war. Und als du schließlich dran bist, kennt der Saal kein Halten mehr. Deine Nackt-im-Treppenhaus-Geschichte schießt den Vogel ab. Und die Familie der Braut schließt dich in diesem Moment erst so richtig ins Herz.

So, jetzt bist du in der richtigen Stimmung, um deine Storys voller Stolz aufzuschreiben. In Schönschrift. Und gut aufgebaut, auf die Pointe hin. Denn die Erinnerung an deine peinlichsten Momente gehört nicht in die Wachtraumphasen vor dem Einschlafen oder in andere Verstecke, sondern ans helle Tageslicht. Alle Welt soll sie glänzen sehen. Verwandele also deine »Hall of Shame« in eine »Hall of Fame«. Sammle Peinlichkeiten wie Trophäen und feiere sie. Denn an nichts wächst man so sehr wie an überstandenen Schammomenten. Und aus nichts lernt man so effektiv, einen Fehler nie wieder zu machen. Peinlichkeiten sind der Turbo des sozialen Lernens. Sie sollten gewürdigt werden. Und außerdem liefern sie oft eine tolle Geschichte. Wer die eigenen Tritte ins Fettnäpfchen beichtet, erntet Lacherfolge – und Sympathie. Weil Selbstironie und Selbstbewusstsein dazugehören, wenn man so etwas über sich berichtet. Und erzähl sie so oft wie möglich – das Erzählen ist wie das Polieren der Pokale im Regal.

Seit aus der Albtraumsituation »Nackt im Treppenhaus« eine sehr nette Freundschaft mit genau den Nachbarn geworden ist, die ich damals rausklingelte, weiß ich: Man überlebt auch die unangenehmsten Fehltritte. Man stirbt nicht. Auch wenn man es sich manchmal wünschen würde. Seither probiere ich alles aus und nehme dabei Peinlichkeiten in Kauf. Ich lege es nicht drauf an. Aber wenn ich mal im Fettnäpfchen lande – sei's drum. Ist allemal besser, als sein Leben lang um alle Fettnäpfchen herum zu manövrieren. Und deshalb niemals ans Ziel zu kommen.

Die geschenkte Stunde

Wie du zusätzliche Zeit findest, wenn der Bär steppt

Immer wieder mal habe ich Situationen erlebt, in denen ich wirklich nicht mehr wusste, wo mir der Kopf stand: Mehrere Aufträge mit unangenehm naher Deadline warteten auf Erledigung. Der Steuerberater drängelte wegen der Unterlagen fürs Vorjahr, die ich noch nicht sortiert hatte. Weil meine Frau krank war, funktionierte unsere Arbeitsteilung im Haushalt nicht und ich musste zusätzliche Zeit einplanen für Einkaufen, Kochen, Putzen. Und unser Sohn brauchte Hilfe bei der Vorbereitung für eine wichtige Klassenarbeit. Eigentlich hätten meine Tage damals mindestens zweiunddreißig Stunden haben müssen. Aber woher sollte die zusätzliche Zeit kommen?

Psychohack: Fang den Wurm!

Irgendwann strengten mich die Tage so an, dass ich manchmal gleichzeitig mit unserem Sohn, um halb zehn, schlafen ging, statt noch auf der Couch herumzuliegen und sinnlos zu zappen. Und entgegen meiner Gewohnheit schlief ich nicht mehr bis acht, sondern ertappte mich dabei, das erste Mal gegen halb sechs auf die Uhr zu sehen. Draußen war es schon hell. Ich wälzte mich im Bett und grübelte über die anstehenden Aufgaben. Und als am nächsten Morgen, einem Samstag, dasselbe passierte und mir eine Idee durch den Kopf ging, wie ich die gerade unmittelbar anstehende Aufgabe am Schreibtisch angehen könnte, spürte ich plötzlich eine Energie in mir, die ich zu dieser Tageszeit überhaupt nicht kannte. Klar, manche Freunde hatten mir schon erzählt, dass sie »Morgentypen« seien, dass sie ja schon als Schüler morgens um halb fünf Zeitungen ausgetragen hätten, dass sie ihre Examensarbeit ohne die »Hour of Power«, wie das im Amerikanischen heißt, niemals geschafft hätten. Aber ich, der Langschläfer? Zu meiner eigenen Überraschung stand ich tatsächlich auf, geradezu vibrierend vor Tatendurst und Vorfreude. War das zu fassen? Als ich fünf Minuten später im Schlafanzug mit dem frischen Kaffee am Schreibtisch saß, stellte ich fest, dass mein Smartphone noch unten lag. Mist! Aber um die Familie nicht noch mal zu stören mit der knarrenden Treppe, ließ ich es dort liegen und checkte erst mal nicht, was nachts so eingetrudelt war an wichtigen und unwichtigen Nachrichten. Ich stürzte mich direkt in die Arbeit. Drei Stunden später stand meine Frau mit verschlafenem Blick in der Tür und sah mich ungläubig an. »Ich hab dich überall gesucht! Wo warst du denn?!« Ich kam aus dem Flow hoch und fragte erst mal, wie spät es sei. Und ob noch Kaffee da sei. Und dann realisierte ich: Ich hatte sämtliche Steuerunterlagen vorsortiert. Und davor endlich den überfälligen Artikel fertig geschrieben. Und ich hatte für den Vortrag, den ich am Dienstag halten sollte, einen funktionierenden Aufbau gefunden. Jetzt fehlte nur noch der Einstieg. Ach nein, den hatte ich ja jetzt auch. Ich würde von meiner »Hour of Power« erzählen. In den nächsten Tagen stellte ich mir den Wecker auf halb sechs – aber ich schaltete ihn immer schon aus, bevor er klingelte. Ich war hellwach und freute mich unbändig auf die Stunde am Schreibtisch. Und schaffte unglaublich viel weg.

Also mach es wie der frühe Vogel – und fang den Wurm! Der Riesenvorteil der »Hour of Power« ist, dass es keine Ablenkung gibt. Niemand ruft an, und niemand fragt, wann es Frühstück gibt oder wo sein Schlüssel ist oder ob die Post schon da war oder, oder, oder. Diesen Vorteil der fehlenden Ablenkung darfst du aber nicht wegwerfen. Das Smartphone darf nicht mit ins Arbeitszimmer. Das Mailprogramm bleibt aus, und ebenso das Radio und der Fernseher. Betrachte die »Hour of Power« als Geheimoperation: nur du und dein Schreibtisch und nichts und niemand sonst. Und du arbeitest mindestens eine Stunde lang konzentriert an einer konkreten Aufgabe oder an einem Projekt. Du wirst erstaunt sein, wie frisch du morgens bist – und wie viel du schaffst. Und nebenher wirst du mal wieder kapieren, was Insta, WhatsApp und Co. für Zeit- und Krafträuber sind. Also: Versuch, die schlechte Angewohnheit, den Tag mit dem Handy zu starten und die kostbaren, stillen Morgenstunden zu verdaddeln, auf Dauer loszuwerden.

Noch ein Tipp: Wenn du die »Hour of Power« erstmals ausprobieren willst, empfiehlt sich dafür der Sommer. Wenn es draußen hell ist, ist dein Biorhythmus sowieso auf Aktivität eingestellt. Die besondere Magie der langen, dunklen Morgenstunden im Winter kannst du dann später kennenlernen. Dann lenkt dich wirklich gar nichts ab – nicht mal zwitschernde Vögel und Sonnenschein. Und vergiss nicht, dich zu belohnen: Wenn der Riesenberg an Arbeit weggeschafft ist, schenk dir die Wochenendtage wieder zum Ausschlafen.

PS: Dieser Text entstand übrigens an einem Mittwoch von 6:15 bis 7:00. Im Schlafanzug.

Sind Kavaliere wirklich out?

Wie man heute Komplimente macht

Schon mehrfach haben Männer mich um Rat gefragt in Sachen Komplimente. So wie in dieser Mail hier:

Ich möchte ab und zu einer Frau ein Kompliment machen, habe aber Angst, in eins der vielen Fettnäpfchen zu treten, die neuerdings herumstehen. Ist diese Angst begründet?

Ich spüre bei solchen Männern eine Verunsicherung darüber, was angemessen ist. Und bevor du als Leserin jetzt in ein ironisches »Oooch! Die Aaaaarmen!« ausbrichst, möchte ich zwei Dinge ergänzen. Erstens: Männer, die sich über solche Dinge Gedanken machen, sind nicht die verkehrtesten. Machos der alten Art scheren sich schließlich einen Dreck um die Frage, ob ihr Verhalten gegenüber Frauen angemessen ist. Zweitens: Eine Kollegin hat mir bestätigt, dass es auch für Männer mit gutem Gespür kaum möglich ist, vorherzusehen, ob eine Frau ihr kavalierhaftes Verhalten als übergriffige Anmache und Belästigung oder als willkommene Aufmerksamkeit empfindet. Und sie sagte mir, dass nicht wenige ihrer Klientinnen mittlerweile darunter leiden, dass gerade die sensibelsten Männer sich nicht mehr trauen, einfach mal nett und aufmerksam zu sein. Mit Spott allein kommen wir hier also nicht weiter. Auch wenn es tatsächlich noch zu viele Männer gibt, die nicht kapieren, was der *extra 3*-Moderator Christian Ehring sehr schön auf den Punkt gebracht hat: »Ein Kompliment, für das du deine Hände brauchst, ist keins.«

Wie also kann man(n) heute noch Komplimente machen?

Psychohack: Das Körpertabu

Was tatsächlich unglücklich ist, wenn ihr nicht schon sehr vertraut seid, sind Kommentare zu körperlichen Merkmalen wie der Haarfarbe, den Augen, den Beinen, der Figur oder gar Intimerem, wie dem Busen. Wenn es dir trotzdem um den optischen Eindruck geht: Beziehe dich auf einen Gegenstand wie zum Beispiel ein Kleidungsstück, die Schuhe oder die Tasche. Besser aber sind Komplimente, die sich auf eine Leistung oder eine Handlung beziehen: ein Arbeitsergebnis, ein schlagfertiger Spruch oder eine solidarische Geste. Damit drückst du deine Wertschätzung aus, ohne eine Grenze zu überschreiten. Natürlich sollte das Kompliment nicht gönnerhaft klingen, mit so einem Unterton von »Hätte ich dir gar nicht zugetraut«.

Am wichtigsten ist: Wenn du dir sicher bist, dass dein Kompliment nicht aufdringlich und schlüpfrig ist, dann ist es nicht dein Fehler, wenn es abgewehrt wird. Das ist das gute Recht der Frau, setzt dich aber nicht ins Unrecht. Also nimm es nicht persönlich und bezieh die Ablehnung nicht auf dich als Menschen. Es war eben der falsche Moment. Und das konntest du nur rausbekommen, indem du es versucht hast. Also lass dich nicht entmutigen.

Und auch bei kavalierhaftem Verhalten wäre es schade, wenn du es aufgibst, nur weil manche Frauen es nicht mögen. Denn viele andere finden es weiterhin schön, wenn ihnen nicht die Tür vor der Nase zufällt, sondern du sie aufhältst. Wenn du ihr anbietest, ihr den großen Koffer in den Zug zu heben oder in die Gepäckablage zu wuchten. Und wenn du ihr aufmerksam in den Mantel hilfst. Die Frauen, die sich dagegen wehren, haben sicher ihre Gründe – aber sie sprechen nicht für alle Frauen.

Also: Sei aufmerksam, selbstbewusst und nimm Ablehnung souverän hin. Wäre sonst schade.

Ordnung ist das halbe Leben – und der ganze Frust

Wie man im Zusammenleben Unterschiede respektiert

Ein absoluter Dauerbrenner in meiner Arbeit als Psychologe ist dieses Thema: »Wie sehr viele Paare aus unserem Freundeskreis streiten auch wir uns am häufigsten wegen der unterschiedlichen Ordnungs- und Sauberkeitsvorstellungen. Was können wir tun, um das zu ändern?« Zuerst einmal: Dass das Thema Ordnung, wenn die Partner es unterschiedlich sehen, so oft hochkommt, ist kein Zufall, sondern logisch. Wir stoßen schließlich, sobald wir zu Hause sind, nicht nur stündlich, sondern eher minütlich darauf. Auf dem Sessel liegt ein T-Shirt herum, in der Spüle stehen noch die Kaffeepötte vom Morgen, in der Dusche liegen Haargummis mit Haaren dran neben den Shampoos, der Karton mit dem Altglas steht seit zwei Wochen neben der Wohnungstür ... Wer all das nicht mag, könnte permanent ausrasten – und tut es ja oft auch. Umgekehrt erleben die Partner (meistens sind es die Männer), denen Ordnung und Sauberkeit nicht ganz so wichtig sind, regelmäßig den Frust, dass sie sich Mühe geben und aus ihrer Sicht alles tun, um es der Partnerin recht zu machen – aber die konzentriert sich in ihrer Reaktion ausschließlich auf die Details, die nicht perfekt geworden sind.

Leider ist der Streit um »richtig« und »falsch« vollkommen fruchtlos. Es gibt kein objektives Maß für »ausreichend ordentlich« und »sauber«, und die Vorstellung, man selbst »könne das eben«, der andere aber nicht, ist der Tod jeder Einigung. Die Bedürfnisse und Empfindlichkeiten in diesem Bereich haben viel mit der Prägung und der Persönlichkeit zu tun – und wer versucht, pädagogisch zu werden und den Partner in diesem Bereich durch Bemerkungen oder einseitige Regeln zu ändern, wird schon aus Prinzip auf dessen Widerstand stoßen. Zugleich braucht es Vereinbarungen und Kompromissbereitschaft, um ein vernünftiges Zusammenleben zu ermöglichen.

Was also könnt ihr tun, um den Dauerstreit zu entschärfen?

Psychohack: Ordnungsoase und Chaosbude

Wenn ihr das Glück habt, über genügend Platz zu verfügen, ist eine mögliche Lösung, dass jeder einen Bereich (idealerweise: einen Raum) bekommt, in dem ausschließlich die eigenen Regeln gelten, der »Pedant« und der »Chaot« sich also frei ausleben können: geschmackvolle Ordnung oder kreatives Durcheinander. Das erhöht die Chance auf Kompromissfähigkeit und Toleranz in den gemeinsam genutzten Räumen wie Küche, Bad und Wohnzimmer. Dort sollte man sich auf ein Mittelmaß einigen, das beiden einigermaßen gerecht wird. Wichtig: Im persönlichen Raum gelten ausschließlich die Ordnungsregeln dessen, für den der Raum ist. Der andere hat sich in diesem Bereich weder einzumischen noch Kommentare dazu abzugeben. Und spätestens jetzt stellt sich heraus, ob dich wirklich nur die herumliegenden Bücher und Papiere stören – oder die Tatsache, dass du mit jemandem zusammen bist, der Bücher aufgeschlagen herumliegen lässt. Oder ob dich sogar ganz etwas anderes unzufrieden macht.

Psychohack: Blick in den inneren Spiegel

Sind es wirklich nur die Spüle und die Zahnpastatube? Manchmal deutet ein starkes Ordnungsbedürfnis darauf hin, dass im Leben etwas im Ungleichgewicht, in Unordnung ist. Ordnung schafft die Sicherheit, die einem vielleicht im Leben selbst fehlt. Warum auch immer du ihn hast: Dein Wunsch nach Ordnung ist legitim. Aber du solltest dich fragen, ob es okay ist, deinen eigenen Anspruch zur Regel für deinen Partner zu machen. Oder für alle Mitbewohner. Manchmal spielen auch Rollenbilder mit, die eigentlich überwunden sein sollten – auf der einen Seite die Macho-Erwartung »Putzen ist Frauensache« und auf der anderen die Überzeugung »Männer können so was nicht«, weshalb seine Bemühungen per se nichts taugen können.

Die Forschung weiß: Neunzig Prozent aller wiederkehrenden Streitereien sind in Wirklichkeit Ersatzkonflikte. Ob es um Urlaubszeiten im Betrieb geht, um das nächste Urlaubsziel, um die Planung von Anschaffungen oder eben um den Zustand der heimischen Spüle – oft will mindestens ein Beteiligter eigentlich nur signalisieren: »Nimm mich wahr!« Wir Erwachsenen sind da oft auch nicht anders als kleine Kinder, die zum Beispiel beim Essen ihr Glas umschmeißen, um mit ihren Eltern in Kontakt zu kommen – etwa, weil die mal wieder im Smartphone-Dauerkonsum versunken sind. Wenn dein Partner also immer wieder auf das Ordnungsthema kommt: Zeig ihm, dass du ihn als Person wahrnimmst und dich für seine Bedürfnisse interessierst. Wer sich auf diese Weise gesehen fühlt, braucht keinen Ersatzschauplatz »herumstehendes Geschirr«. Aber du solltest auch auf dich selbst achten und dich nicht aufgeben. Deshalb sage deinem Partner ganz klar: »Das sind deine Regeln, nicht meine.« Merke jedoch: Das kann man so oder so sagen – schroff oder respektvoll. Versuch es respektvoll und ruhig. Und wenn der Streit dennoch eskaliert, gilt wie immer: Der Stabilere gibt nach.

Psychohack: Die Drei-P-Regel

Du möchtest deinem Partner zeigen, dass dir sein Anliegen am Herzen liegt und du versuchst, seinen Vorstellungen so gut es geht zu entsprechen? Großer und guter Plan! Leider haben sich Streitroutinen manchmal so festgefressen und verselbstständigt, dass die Bemühungen des anderen anfangs gar nicht gesehen und anerkannt werden. So mancher Mann kennt den Frust, wenn er vor der Rückkehr seiner Frau von einer Reise stundenlang die ganze Wohnung geputzt hat und sie als Erstes den Staub auf der Fußbodenleiste und das vergessene schmutzige Zahnputzglas moniert. Oder wenn sie fragt: »Hast du jetzt schon staubgesaugt oder noch nicht?«

Um Anerkennung zu bekommen: Versuch nicht den ganz großen Rundumschlag, sondern mach nur einen Bereich fertig. Den aber wirklich komplett. Wenn du am Morgen nach einem großen Essen früher aufstehst und das Schlachtfeld in der Küche beseitigst, dann lass in der ansonsten blitzsauberen Küche nicht drei Weingläser stehen, die du später spülen willst. Das ist geradezu eine Einladung für spontanes Negativ-Feedback, auch wenn es unfair ist. Wenn dein Partner aber immer nur die Defizite benennt, dann solltest du dich nicht beleidigt zurückziehen (»Dann mach ich eben gar nichts mehr!«), sondern das Thema in einer ruhigen Situation einmal ansprechen: »Ich freue mich über deine Optimierungstipps. Aber ich würde mir wünschen, dass du das nächste Mal zuerst drei Dinge nennst, die dir positiv auffallen, und mich erst dann auf das hinweist, was dir nicht gefällt.« Vermeide dabei allgemeine Aussagen wie »Nie erkennst du an, was ich leiste«. Formuliere deine Wünsche so konkret wie möglich. So holst du den anderen in die Verpflichtung hinein, dass ihr besser kommuniziert.

»Hilfe, mein Kind kommt in die Schule!«

Wenn die Eltern noch nicht schulreif sind

Ich werde nie vergessen, in welchem Ausnahmezustand unsere Nachbarin war, als die Einschulung ihres Sohns bevorstand. Schon Tage vorher lief sie ständig nervös auf der Straße umher und suchte nach möglichen Gefahrenstellen auf dem – kurzen – Schulweg des Jungen. Und sie fragte uns gefühlt etwa dreißig Mal, worauf sie achten müsse beim Packen des Schulranzens und beim Bestücken der Schultüte. Mit einem Wort: Sie war ein nervöses Wrack. Irgendwann kamen wir etwas ausführlicher ins Gespräch und sie offenbarte uns unter Tränen, welche Ängste sie ausstand: dass ihr Sohn dem Stress nicht gewachsen sein würde. Dass er gemobbt werden würde. Dass er nicht mithalten könne beim Sport oder beim Rechnen. Dass die Lehrerin vielleicht nicht ausreichend auf ihn eingehen würde. Dass ihm das Schulessen nicht bekommen würde. Und so weiter und so weiter.

Unser Sohn war zwei Jahre älter als ihrer. Bis zu einem gewissen Punkt konnten wir ihre Gefühle also nachvollziehen. Auch wir hatten vor dem großen Tag der Einschulung ein paar Nächte etwas schlechter geschlafen – und bei der Feier selbst ein paar Tränchen verdrückt, als unser Sohn da vorn stand und die Schultüte größer war als das kleine Menschlein selbst. Vor allem aber kannten wir den Sohn der Nachbarin – einen patenten und selbstbewussten kleinen Kerl. Und mir kam der Satz in den Sinn, den ich zwei Jahre zuvor selbstironisch formuliert hatte: »Wenn das Kind schulreif ist, sind die Eltern es noch lange nicht.« Auch wenn das Kind bereit ist, frohgemut in den neuen Lebensabschnitt aufzubrechen, kann der Trennungsschmerz der Eltern zum echten Problem werden. Denn wenn Eltern sich zu viele Sorgen machen und vor dem Schulstart zunehmend bedrückt und nervös sind, färbt das auf die Kinder ab. Wir Menschen haben Spiegelneuronen, die dafür sorgen, dass uns die Gefühle anderer Menschen nicht kaltlassen. Wenn unsere Lieben leiden, leiden wir mit. Und wenn Eltern vor dem ersten Schultag Panik schieben, sinkt auch die Vorfreude der Kinder auf diesen Tag und weicht mehr und mehr der Angst davor, nach dem Motto: »Wenn Mama dermaßen zittert, muss es dort wirklich schrecklich sein.« Im schlimmsten Fall entsteht eine Abwärtsspirale, weil die Eltern die zunehmenden Ängste ihres Kindes spüren und immer weiter in die Panik rutschen.

Weil ich wusste, wie negativ sich die elterlichen Ängste auf das Kind auswirken, erlaubte ich mir, der Nachbarin einen Psychohack nahezulegen, der beim Loslassen helfen kann.

Psychohack: Die kleine Heldengalerie

Legt euch eine Heldengalerie an. Dort kommen die ganzen Erfahrungen der kleinen Helden in Form von Videos, Fotos oder auch Geschichten rein. Und dann schaut ihr euch zusammen mit eurem Kind an, was es schon alles geschafft hat: Laufen lernen, Schwimmabzeichen, Kindergarten-Eingewöhnung, Fahrradfahren, Plätzchen backen, auf Bäume klettern und so weiter. Und ihr erzählt euch davon: »Das hast du schon alles geschafft!« Dieses Ritual hilft den Eltern dabei, das Vertrauen in ihr Kind zu stärken. Die Heldengalerie ruft ihnen die Souveränität ihres Kindes ins Bewusstsein – und steigert zugleich dessen Selbstwertgefühl. Denn auch das Kind selbst sieht noch einmal, was es schon alles gelernt und gemeistert hat im Leben und dass es gut gerüstet ist für den neuen Lebensabschnitt.

Dass übermäßige Sorgen unbegründet sind, können Eltern sich im Übrigen auch dadurch bewusst machen, dass sie daran denken, wie sie selbst den ersten Schultag, das erste Schuljahr und die Schule insgesamt überstanden haben, nämlich in den meisten Fällen gut und problemlos. Wieso also sollen Schulalltag, Lehrer und Mitschüler jetzt nur noch eine Bedrohung sein für das kleine, zarte Wesen, das sie bisher fast rund um die Uhr behüten konnten? Es ist der Ort, an dem das Kind neue Freunde finden wird, an dem es lernt, an dem es selbstbewusster und selbstständiger wird. Auch durch das Verarbeiten von Rückschlägen, Niederlagen und blöden Erfahrungen. Es wird mehr und mehr lernen, mit Problemen selbst fertigzuwerden – und sich damit ein Stück weit aus der Kleinkindrolle befreien. Das sollte man als Eltern feiern. Es ist eine Entlastung für einen selbst – vor allem aber ein großartiger und notwendiger Schritt für das Kind. Auch wenn es sich damit allmählich aus der Symbiose der ersten Jahre löst. Übrigens kann es die positive Wirkung der Heldengalerie verstärken, wenn diese auch Fotos und Geschichten der Eltern enthält, die als Kinder ebenfalls vieles bewältigt und gelernt haben. Das ist ein Ansporn für die Kinder, sich den Neuaufbruch ebenfalls zuzutrauen – und erinnert die Eltern daran, dass ein schulreifes Kind meist schon viel fester im Leben steht, als seine Eltern wahrnehmen.

Panik ist ungesund. Sie zeigt, dass wir in unseren Gedankengefängnissen feststecken. Dazu müssen die Eltern ein Gegengewicht schaffen. Durch die Heldengalerie – und indem sie sich austauschen mit Familie, Freunden, Nachbarn und so weiter. Und zwar möglichst auch mit solchen, die nicht nur die Sorgen bestätigen, sondern eher die Vorfreude und das Zutrauen verstärken. All das heißt nun nicht, dass am Einschulungstag nicht die eine oder andere Träne fließen darf. Das ist völlig normal und auch in Ordnung. Es geht darum, nicht schon Tage oder Wochen vorher in Sorge zu verfallen, dass das eigene Kind in der Schule untergehen wird. Denn der allergrößte Teil der Sorgen ist offensichtlich unbegründet.

Das heikle Verhalten paarungsbereiter Kollegen

Wenn die Liebe *zum* Beruf zur Liebe *im* Beruf wird

Liebe am Arbeitsplatz – das schafft aus Sicht der Arbeitgeber vor allem Probleme. Viele US-amerikanische Unternehmen haben deshalb strenge Regeln erlassen und verbieten ihren Angestellten, unter Androhung der Kündigung, jegliche Annäherung, selbst harmlose Flirts. Fragt sich allerdings, wie realistisch das ist. Wo Amor zuschlägt, wirken solche Regeln eher hilflos – oder aber unmenschlich. Schließlich verbringen Berufstätige den größten Teil ihrer wachen Lebenszeit in ihrem Arbeitsumfeld. Da ist es statistisch sehr wahrscheinlich, dass sie dort irgendwann auf jemanden treffen, der ihr Herz berührt. Und sich zu verlieben, das kann man schlicht nicht verbieten. Zumal man die Kolleginnen und Kollegen viel besser kennenlernt als Menschen, die man auf Partys, in Klubs oder im Fitnessstudio trifft. Und man hat mit ihnen schon mal eine wichtige Gemeinsamkeit, nämlich die Arbeit.

Und dennoch: Die Probleme kann man nicht wegreden. Sie entstehen allerdings nicht durch die Liebe – die kann die beiden Glückskinder im Gegenteil zu besseren Leistungen motivieren. Außerdem verbreiten sie oft eine ansteckend gute Laune. Aber jede Liebe hat ihre drei Phasen. Phase 1 ist die Verliebtheit: Die Hormone spielen verrückt. Es dreht sich alles um den geliebten Menschen, dafür leidet in dieser Phase die Arbeitsleistung. Phase 2 ist die Stabilisierung. Sie garantiert ein gutes Teamplaying und gegenseitige Unterstützung und verbessert die Stimmung in der gesamten Abteilung. (Ach, wenn es doch nur für immer so bleiben könnte!) Die Phase 3 schließlich ist der entscheidende Einwand gegen die Kombination von Job und Beziehung: In der Krise gibt es Streitigkeiten und Konflikte, die nicht nur die beiden Beteiligten blockieren und gute Leistungen im Job verhindern, sondern auch die Stimmung und die Arbeitsabläufe für die anderen massiv verschlechtern.

(Phase 4 wäre dann der endgültige Katastrophenfall: Einer der beiden findet eine neue Liebe – und zwar wieder am gemeinsamen Arbeitsplatz ...)

Psychohack: Der Versetzungsantrag

Wenn du dich am Arbeitsplatz verliebst und eine Beziehung daraus werden *könnte* – also mehr als eine Affäre –, dann sollte es keine Überschneidungen im Arbeitsalltag geben, die irgendwann Probleme schaffen *können*. Dabei solltest du immer das Worst-Case-Denken anwenden – was kann schlimmstenfalls passieren? Bei einer Liebesbeziehung zu einem Arbeitskollegen bringst du nun mal zwei Ebenen zusammen, die in der Regel wohlweislich getrennt sind. Und die Konfliktmenge während der verschiedenen Phasen einer Partnerschaft ist einfach zu groß – vor allem, wenn die beruflichen Sphären sich permanent berühren oder wenn gar Hierarchie im Spiel ist und trotzdem Kooperation gefragt ist. Es sollten generell nicht alle Lebenssphären miteinander verbunden werden – weil sonst im Katastrophenfall alles zerbricht. So wie es als ungeschriebene Regel gilt, dass ein Versicherungsvertreter niemanden aus der Familie oder dem Verein, der Kirchengemeinde etc. versichern sollte. Weil ein Streit um die Zahlungen im Schadensfall dann auch das persönliche Verhältnis belastet.

Deshalb der Rat: Notfalls muss einer von euch in eine andere Abteilung oder sogar in ein anderes Unternehmen wechseln. Damit ihr die Ebenen »Job« und »Beziehung« weiterhin möglichst sauber getrennt halten könnt. Der Umgang lässt sich also organisieren – aber die Liebe selbst lässt sich nicht planen. Und erst recht nicht in einen Käfig sperren.

Bist du vielleicht ein Ja-Sager?

Wie du lernst, ohne Angst und eindeutig Nein zu sagen

Ein auf spezielle Weise interessanter Klient war Marc, ein Angestellter Mitte vierzig. Wir hatten seinen ersten Termin Wochen im Voraus verabredet – und als der Tag näher rückte, hatte sich bei mir einiges im Kalender verschoben. Ich rief ihn an und fragte, ob es ihm möglich sei, eine Stunde später zu kommen als verabredet. Er sagte zu. Als er mir dann gegenübersaß, wirkte er von Anfang an unruhig und nervös und sah dauernd auf die Uhr. Als ich ihn darauf ansprach, berichtete er, dass er eigentlich gleich wieder gehen müsse, weil er seiner Frau schon lange versprochen habe, heute die Kinder aus dem Hort abzuholen. Mir dämmerte, dass sein Konflikt mit der Terminverschiebung zu tun haben könnte, und er bestätigte das. Ich fragte: »Aber wieso haben Sie das denn nicht gesagt am Telefon? Dann hätten wir einen passenderen Termin gefunden.« Marc sah betreten nach unten und sagte zerknirscht: »Ich glaube, deshalb bin ich hier. Weil ich mich nicht traue, bei so was Nein zu sagen.«

Beim nächsten (mit seinem Kalender abgestimmten) Termin erzählte er von Situationen, in die er immer wieder geriet. In seinem Sportverein, wo er als Beisitzer im neunköpfigen Vorstand saß, melde er sich dauernd für Aufgaben, die er zeitlich eigentlich gar nicht schaffen könne, obwohl andere schon Rentner seien und viel Zeit hätten. Wenn etwas aufkomme, um das sich jemand kümmern müsse, bräuchten die anderen nur lange genug abzuwarten, dann fühle er sich so unter Druck, dass er übernehme – und sie seien fein raus. Dasselbe geschehe bei den Elternabenden in der Schule seiner Kinder. In der Firma wisse er oft nicht, wo ihm der Kopf stehe, weil er nie ablehne, wenn Kollegen oder Vorgesetzte mit einer »klitzekleinen« Zusatzaufgabe kämen: »total eilig«. Manchmal habe er den Verdacht, seine Hilfsbereitschaft werde ausgenutzt. Wenn Freunde Hilfe beim Umzug bräuchten, sei er immer dabei – manchmal als einziger Helfer. Seine Freunde wüssten übrigens bis heute nicht, dass er Radtouren nicht möge, sondern dabei wegen einer alten Verletzung immer Schmerzen habe. Immer wieder heiße das Programm Radfahren. Und nach der langen Zeit traue er sich erst recht nicht mehr, das zu thematisieren. Und seine Frau glaube bis heute, er esse gern Knollensellerie, und koche das deshalb oft, extra für ihn. Dabei hasse er den Geschmack wie die Pest.

Wir sprachen dann darüber, was genau er befürchtet, wenn er einen Wunsch abwehrt. Seine Antwort: »Ich habe Angst, Leute vor den Kopf zu stoßen. Ich will niemanden enttäuschen. Mein Vater hat mich nie geschlagen und auch selten bestraft für irgendwas. Aber er hat oft zu mir gesagt: ›Ich bin sehr enttäuscht von dir.‹ Auch bei Kleinigkeiten. Er sah dabei immer ganz traurig aus. Das war manchmal schlimmer als eine Strafe.«

Ich fragte nach seinen Erfahrungen mit dem Neinsagen. Viele gab es nicht, und ihm war nie etwas Schlimmes passiert danach. Auch Freunde hat er nie verloren durch ein Nein. Aber er hatte immer das Gefühl, seine Begründungen seien unglaubwürdig.

Das Folgende habe ich dann mit ihm erarbeitet.

Psychohack: Der Ein-Wort-Satz

Der Beliebteste in einer Gruppe ist nicht der, der zu allem Ja und Amen sagt, sondern der, der eine klare Haltung hat. Gerade wer auch mal sagt: »Nein, da habe ich keinen Bock drauf«, kann zum Leuchtturm werden, an dem man sich orientiert.

Die Voraussetzung für ein klares Nein ist, dass du weißt, was du willst. Nur wenn du ein Bewusstsein für deine eigenen Werte und Wünsche hast, also eine klare Identität, weißt du auch, was du *nicht* willst. Der Autor Stephen Covey hat es so ausgedrückt: »Jedes Nein fällt leicht, wenn ein klares Ja in deinem Inneren brennt.« Ein Nein ist kein Affront, sondern einfach nur eine von mehreren möglichen Antworten. Worum es beim Nein eigentlich geht, ist die Fähigkeit, dich abzugrenzen. Das ist dann möglich, wenn du nicht mehr vom Urteil anderer abhängig bist und nicht mehr sagst: »Aber das kann ich (oder: man) doch nicht machen!« Denn du kannst sehr wohl unabhängig sein und dennoch verbunden bleiben mit Menschen. Abgrenzung heißt nicht Abbruch. Natürlich kannst du als Angestellter, Staatsbürger, Steuerzahler etc. nicht in jeder beliebigen Situation zu allem Nein sagen – darum geht es hier nicht. Aber oft genug gibt es die Option des Nein – und die anderen halten sie für völlig normal. Wer dich um einen Gefallen bittet, muss auch mit einem Nein rechnen – und tut es in der Regel auch.

Eine richtige Beobachtung von Marc war, dass Begründungen oft in Zweifel gezogen werden – je länger und umfangreicher sie sind, desto mehr. Jeder kennt das: Man hat jemanden zur Party eingeladen und der sagt kurz vorher ab. Dabei nennt er nicht nur einen Grund, sondern gleich drei bis vier: »Ich habe gerade zu viel Arbeit, und wahrscheinlich kommen da meine Schwiegereltern, und am Tag danach werden bei uns Möbel geliefert. Und außerdem fühle ich mich nicht fit.« Das ist dann tatsächlich unglaubwürdig und damit kränkend. Am besten verzichtest du auf jede Begründung. Egal, wie sie lautet: Es wird darüber diskutiert werden. Und es braucht keine Begründung. Ein »Nein, ich möchte nicht« oder »Nein, das geht leider nicht«

muss genügen – und genügt auch in den allermeisten Fällen. Erst wenn du anfängst, Gründe und Erklärungen nachzuschieben, kommt bei deinem Gegenüber der Gedanke auf, du seist selbst nicht überzeugt von deinem Nein. Das Weglassen ist generell ein wichtiger Teil der Kommunikation.

»I feel you!«

Empathie kann man üben

Neulich sprach ich mit meiner Freundin Ulrike, die seit langer Zeit mit großer Leidenschaft Datingplattformen studiert – manchmal aus Eigeninteresse, meistens aber aus reiner Neugier. Von ihr erfahre ich häufig Trends zum Thema Partnerschaft, die für meine Arbeit relevant sind. So fiel ihr schon vor einiger Zeit auf, dass die Eigenschaft »Humor« zwar immer noch erwünscht ist, aber nicht mehr so oft als erste auftaucht. Und dass »Treue« weiterhin ein (ängstlicher) Traum vor allem junger Menschen ist. Aber darum geht es hier nicht. Worauf Ulrike mich beim letzten Treffen ansprach: »Empathie« wird immer häufiger genannt. Man schmückt sich selbst damit und wünscht sie sich vom Partner. In meiner Jugend kannten die meisten vermutlich nicht mal das Wort. Wir leben also nicht mehr in lustig-ironischen Zeiten, sondern in einfühlsamen. Zumindest gibt es die Sehnsucht danach. Ulrike kommentierte das bissig so: »Früher traf man sich offenbar vor allem, um gemeinsam zu lachen – heute, um gemeinsam zu weinen.« Und dann verblüffte sie mich mit einer Frage: »Sag mal, Rolf, du bist doch Psychologe. Kann man Empathie eigentlich lernen? Oder ist das eine Eigenschaft, die man hat oder eben nicht?« Diese Frage ließ mich nicht mehr los. Deshalb hier meine Antwort an Ulrike: »Ja, Empathie kann man lernen. Oder genauer: wieder lernen.« Der Hintergrund ist einfach: Die Fähigkeit zur Empathie bringen wir mit. Babys und

Kleinkinder können spüren, in welcher Stimmung jemand ist. Und die Gabe steckt in jedem von uns – außer man hat eine psychische Erkrankung. Aber in unserer Ego- und Ellenbogengesellschaft sind die Fähigkeit und die Bereitschaft zum Mitgefühl oft verschüttet. Die Sehnsucht nach empathischen Partnern dokumentiert wohl diesen Verlust. Aber jeder kann Empathie üben und trainieren. Sicher spielt die familiäre Prägung eine Rolle. Und natürlich bringt der eine mehr Begabung mit als die andere – wie beim Musizieren, bei Mathematik oder beim Sprachenlernen auch. Aber: Man kann – und sollte – es üben, sich in andere Menschen hineinzuversetzen. Hier mein Psychohack zum praktischen Training:

Psychohack: Die ABC-Technik für mehr Empathie

Die Buchstaben ABC stehen für drei Tipps und Übungen, die deine Empathie schulen werden.

Das A steht für ACHTSAMKEIT mit sich selbst. Viele Menschen drücken Emotionen am liebsten weg. Wer kein Feingefühl sich selbst gegenüber hat und aufkommende Emotionen wie Wut, Trauer und so weiter ignoriert und verdrängt, dem fehlt auch die Antenne für die Gefühlswelt der anderen. Deshalb: Kümmere dich um dich! Gesteh dir Emotionen zu. Schreib Tagebuch. Beobachte deine emotionalen Reaktionen und denk über die Ursachen nach – und darüber, was dir jetzt guttäte. Erlaube dir zu weinen, wenn du traurig bist. Such dir einen Schrei-Baum (siehe Kapitel »Ich könnte jeden Abend aus der Haut fahren!«), wenn du wütend bist. Studiere dich selbst: Wie geht es dir, wenn in deiner Umgebung jemand verzweifelt ist? Tut er dir leid oder ist es dir nur unangenehm? Weißt du, wann und wie man Trost spendet? Und was ist, wenn jemand vor Wut laut wird und auf den Tisch haut? Verstehst du, was ihn dazu treiben könnte? Schaff dir Freiräume für dich selbst. Nimm dir Zeit für dich. Denn meist sind es Druck, Überforderung und das Gefühl des permanenten Existenzkampfes, die verhindern, dass man sich anderen öffnet, sie wahrnimmt und sich auf sie einlässt. Weil dafür die Kapazitäten fehlen. Wenn du dich aber kennst und so akzeptierst, wie du bist, dann öffnet sich dein Inneres ganz von selbst für die anderen. Weil du weißt, wie es sich anfühlt, wenn man nicht gesehen wird, sich ungerecht behandelt fühlt oder unsensibel zurückgewiesen wird. Übrigens: Zu wissen, wie du selbst tickst, verhindert achtzig Prozent aller Konflikte. Selbstreflexion ist die Grundlage besseren Verhaltens. Zum Beispiel durch mehr Empathie. Sich und andere besser zu verstehen führt zu höherer Lebensqualität.

Das B steht für BIOGRAFIEN und autobiografisch geprägte Lebensberichte. Deren Autorinnen und Autoren sind in der Lage, ihre Empfindungen in Worte zu fassen und damit auch für andere begreifbar zu machen. Vor allem Menschen, die außergewöhnliche Situationen wie eine Krebserkrankung oder eine Gewalterfahrung erlebt oder sich aus schwierigen Verhältnissen hochgekämpft haben, können dir ein Fenster öffnen zum besseren Begreifen von Gefühlen. Anne Franks Tagebuch aus ihrem Versteck in Amsterdam und Michelle Obamas Lebensweg bis zur First Lady (*Becoming*) sind nur zwei Beispiele. Aber auch Stephen Kings großartige und schonungslose Autobiografie *Das Leben und das Schreiben* macht deutlich, dass der eigene Gefühlskosmos nicht die ganze Welt ist: Erst jenseits des eigenen Tellerrands beginnt sie so richtig. Und andere Menschen nehmen diese Welt oft völlig anders wahr als du – mit derselben Berechtigung. Also lerne, diese anderen Gefühlswelten zu verstehen. Frag deine Buchhändlerin nach emotionalen Biografien und sei dankbar, dass andere beschreiben konnten, was du besser verstehen möchtest. Regelmäßiges Lesen von Biografien schult die Empathie.

Das C steht für CAFÉ. Das ist der unterhaltsamste Teil dieses Psychohacks. Verabrede dich mit einem Freund oder einer

Freundin regelmäßig dazu, Leute zu beobachten. Und macht euch Gedanken über sie. Was sind sie von Beruf? Worüber mögen sie gerade reden? Sind sie sich einig oder nicht? Was drücken ihre Körpersprache und ihre Mimik aus? Zeigen sie Emotionen wie Tränen, Lachen oder unterdrückte Wut? In welcher Beziehung stehen diese beiden zueinander? Suchen sie Körperkontakt? Kennen sie sich schon länger? Haben sie ein gemeinsames Intimleben? Und wie mag das aussehen? Wer jetzt sagt: »Aber das grenzt ja an Lästern!«, hat völlig recht. Das amüsante Beobachten anderer Menschen und das Spekulieren über ihre Emotionen sollte man so diskret tun, dass sie es auf keinen Fall bemerken. Alles andere wäre wenig einfühlsam. Also empathielos.

Toxisches Team?

Wie man für bessere Stimmung im Kollegenkreis sorgt

Post von einer Gruppe – das finde ich immer besonders schön. Weil es zeigt, dass Menschen sich getraut haben, Probleme anzusprechen und gemeinsam anzugehen.

Bei uns in der Abteilung ist oft schlechte Stimmung, und es werden häufig gedankenlos verletzende und respektlose Sprüche auf Kosten anderer rausgehauen. Kolleg:innen werden oft durch negative Kommentare abgewertet – in ihrer Arbeit, aber auch als Menschen. Was können wir als Team dagegen tun?

Wer kennt das nicht: Am Arbeitsplatz oder auch im Freundeskreis wird gemotzt und gemeckert. Man zieht über andere her und eine vergiftete Atmosphäre entsteht. Der beliebte Klatsch und Tratsch in der Kaffeeküche kann in eine negative Richtung kippen – und dann geht es, wenn man nicht aufpasst, wie auf einer Rutschbahn immer weiter abwärts mit der Stimmung – und damit auch mit der Leistung im Team. Viele Gruppen sind schon auseinandergebrochen, weil die gemeinschaftliche Kommunikation respektlos war.

Was also könnt ihr als Team tun, wenn die Stimmung dauerhaft gekippt ist?

Psychohack: Der Mecker-Mops

Manche kennen das »Phrasenschwein« einer bekannten Fußball-Talkrunde im Fernsehen: Wer einen abgelutschten Spruch wie »Das nächste Spiel ist immer das schwerste« raushaut, muss fünf Euro in ein Schweinchen stecken, das auf dem Tisch steht. Nach demselben Prinzip funktioniert der »Mecker-Mops«. Besorgt euch ein Sparschweinchen oder etwas in der Art. Jedes Mal, wenn jemand im Team etwas Negatives oder Respektloses sagt, muss eine vorher vereinbarte Geldsumme in den »Mecker-Mops« gesteckt werden. Es sollte schon ein bisschen wehtun, zum Beispiel zwei Euro pro Äußerung. So achtet das ganze Team darauf, wertschätzender miteinander umzugehen, was sich definitiv positiv auf die Teamleistung auswirkt.

Jetzt höre ich schon die Einwände: »Wer bestimmt denn, was negativ oder respektlos ist? Soll ich jetzt jedes Mal, wenn sich Kollegin Sensibelchen durch einen kleinen Scherz oder einen schnellen Spruch verletzt fühlt, zwei Euro abdrücken? Niemals!« Dazu eine Bemerkung und eine eigene Erfahrung: Ihr habt als Team festgestellt, dass ihr euch nicht mehr wohlfühlt mit dem Umgangston, der sich eingeschlichen hat. Deshalb wollt ihr euch Regeln geben. Der Hintergrund ist, dass es lange Zeit zu viel Toleranz gegenüber Fäkalsprache, Zoten und Unverschämtheiten gab – wodurch letztlich der Raum entstand für Übergriffe à la Harvey Weinstein, Bill Murray und so weiter. Vor allem unter Männern war und ist es üblich, alles in den Dreck zu ziehen und sich über alles lustig zu machen. Wie sehr das andere belastet, merkt man(n) meist erst, wenn man selbst mal in einer seelischen Krise steckt und den Ton plötzlich nicht mehr erträgt. Um eine ausgeartete Kommunikationskultur in den Griff zu bekommen, muss man anfangs eher übergenaue Regeln erlassen. Das wirkt sicher für manche formalistisch und einengend – aber die Regeln gelten ja auch nicht, um die Pöbler zu schützen, sondern diejenigen, die darunter leiden. Deshalb muss tatsächlich die empfindlichste Person im Team die »Schiedsrichterin« sein: Was sie als Grenzüberschreitung empfindet, wird sanktioniert. Allerdings haben die anderen natürlich das Recht, eine Begründung einzufordern, warum und wie eine Äußerung verletzend war. Das schafft übrigens oft verblüffende Aha-Erlebnisse bei den lauten Sprücheklopfern. Der Mecker-Mops hilft bei der Sensibilisierung dafür, wie oft man toxische Phrasen raushaut, ohne sich darüber bewusst zu sein.

Dazu meine eigene Erfahrung: Eine Freundin meiner Frau sagte mir irgendwann, dass sie sich den Ton, in dem ich mit meiner Familie redete, niemals gefallen lassen würde. Meine Reaktion war Entgeisterung: »Ich rede doch total wertschätzend mit denen! Schließlich bin ich Psychologe!« Antwort: »Ja – aber du haust regelmäßig eine Pointe raus, die auf Kosten anderer geht und deshalb verletzend ist.« Nachdem andere das bestätigt hatten, habe ich nach dem Mecker-Mops-Prinzip einmal selbst beobachtet, wie oft ich etwas sagte, das ich lediglich als guten Gag wahrnahm. Und habe erfragt, wie es bei den anderen Familienmitgliedern ankam. Zu meiner Verblüffung waren sie tatsächlich oft gekränkt und vor den Kopf gestoßen oder fühlten sich nicht ernst genommen. Ich hatte die Wirkung meiner Art der Kommunikation auf andere total falsch eingeschätzt – unter anderem, weil mir das Lachen anwesender Alphamännchen völlig genügte als Feedback.

Etwa zur selben Zeit titulierte der zehnjährige Sohn von Freunden meine Frau plötzlich als »kleine Schlampe« – ohne so recht zu wissen, was er da überhaupt sagte. Und ich verstand: Sprachgewohnheiten wie ein eingestreutes »Bitch«, »Hurensohn« oder eben »Schlampe« sowie Fäkalausdrücke machen die Atmosphäre unfriedlich – selbst wenn sie ursprünglich mal als ironischer Gag entstanden sein mögen. Aber spätestens, wenn sie in die Schulhofkommunikation unserer Kinder einsickern, merken wir, dass da etwas aus dem Ruder gelaufen ist. Deshalb bin ich der Meinung, dass man bei so etwas sofort und notfalls übergenau einschreiten sollte, damit sich gar nicht erst ein »kommunikatives Gewohnheitsrecht« etabliert und Kinder ihre Lehrerin plötzlich als »Schlampe« oder »Hure« bezeichnen. Was manche als Überempfindlichkeit betrachten, ist eher eine überfällige Reaktion auf zu lange praktizierte Respektlosigkeit, etwa gegenüber Frauen. Deshalb empfehle ich: Stell dich auf die veränderte Sensibilität ein, statt mit dem Dampfwalzenspruch »Stell dich nicht so an!« zu reagieren.

Wenn ihr es geschafft habt, die Atmosphäre zu »entgiften«, könnt ihr auch wieder etwas großzügiger mit den Regeln umgehen. Die Sensibilität aller sollte nach der Mecker-Mops-Kur ausreichend groß sein. Das eingesammelte Geld könnt ihr übrigens einmal im Jahr für eine gemeinsame Aktivität verwenden, das stärkt den Zusammenhalt im Team umso mehr. Bei manchen Abteilungen ist schon so viel Geld in einem Jahr zusammengekommen, dass der nächste Betriebsausflug nach Mallorca ging – übrigens bei bester Stimmung!

»Mit denen nie wieder!«

Wie ein Urlaub für alle harmonisch wird

Familienurlaub ist wie Weihnachten – im Guten wie im Schlechten. Das Gute: Alle sind mal wieder über längere Zeit zusammen. Das Schlechte: Alle sind mal wieder über längere Zeit zusammen.

Häufig ist es auch eine erweiterte Familie, die da gemeinsam und euphorisch aufbricht: Oma und Opa kommen mit, eure Tochter darf eine Freundin mitnehmen oder ihr, dein Partner und du, verreist mit einem befreundeten Paar. Bei manchen klappt das recht gut – alle sind entspannt, weil Ferien sind, und die gegenseitige Toleranz ist groß. Aber oft kehrt nach wenigen Tagen im Urlaubsdomizil auch Ernüchterung ein, weil Konflikte auftreten, mit denen vorher niemand gerechnet hat. Manche wollen im Urlaub am liebsten gar nichts planen und alles spontan entscheiden – während andere auf möglichst minutengenaue Verabredungen angewiesen sind, um sich in der fremden Umgebung sicher zu fühlen. Da kommt es dann zu solchen Dialogen:

»Wann wollen wir denn morgen frühstücken?«

»Hmmm ... na, nach dem Ausschlafen. Weiß nicht.«

»Na, wann wacht ihr denn normalerweise so auf?«

»Na, vielleicht so gegen neun, halb zehn? Kommt drauf an. Hauptsache, ausschlafen und keinen Stress.«

Und am nächsten Morgen, als du zum Zähneputzen schlurfst, sitzt das andere Paar schon mit vorwurfsvollem Blick vor leer gegessenen Tellern am Tisch: »Wir waren doch für Punkt neun zum Frühstück verabredet!«

Auch die Planung des Einkaufens, der weiteren Essenszeiten und des Menüs kann wegen unterschiedlicher Gewohnheiten schwierig werden. Während die einen sagen: »Wenn wir heute nicht zum Einkaufen kommen, gehen wir eben essen. Ich will jetzt erst mal meinen Krimi zu Ende lesen«, würden die anderen am liebsten am ersten Tag die Einkaufszettel und Menüpläne für die ganzen vierzehn Tage festlegen. Heikel ist es ebenfalls, wenn die einen eher aktiven Urlaub mit Sport, Besichtigungen und Ausflügen bevorzugen, während die anderen so etwas als »Freizeitstress« empfinden und am liebsten zwei Wochen am Strand oder am Pool liegen wollen. Was man unternimmt und sich leistet, kann auch wegen unterschiedlich gefüllter Geldbeutel oder verschiedener Veranlagungen bezüglich Großzügigkeit und Sparsamkeit zu Konflikten führen. Und nicht zuletzt das Thema Ordnung und Sauberkeit kann es in sich haben: Die einen hätten während der drei Wochen in der Ferienwohnung nicht mal bemerkt, dass da ein Staubsauger herumsteht – die anderen holen ihn täglich raus und halten die Wohnung so sauber wie ihr eigenes Zuhause. Selbst um die Frage, wie nach dem Großeinkauf der Kühlschrank »richtig« eingeräumt wird, kann es Kämpfe geben – weil jeder seine Gewohnheiten gleichsetzt mit »richtig«.

Wer so einen Urlaub einmal erlebt hat, über dem hängt die Vorstellung einer Wiederholung wie ein Damoklesschwert. Schließlich geht es um die wenigen kostbaren Urlaubswochen im Jahr. Wie also kannst du verhindern, dass dir so was noch mal passiert?

Psychohack: Die Vorbesprechung

Wenn sich die Idee abzeichnet, dass ihr in einer Konstellation verreist, die sich noch nicht bewährt hat: Lade alle zu einer Vorbesprechung ein, bei der jeder seine Bedürfnisse, Erwartungen und Ansprüche klar formuliert. Dabei sollt ihr so offen wie möglich sein. Wenn jemand Wünsche oder gar Bedingungen äußert, die überhaupt nicht zu deiner Vorstellung von Urlaub passen, dann ist *jetzt* der Moment, das zu sagen. Sätze wie »Ich mach alles mit« hingegen solltest du nur dann aussprechen, wenn du garantieren kannst, dass das für alle Umstände und für die gesamte Zeit gilt. Aber wer kann das schon?

In eurem Gespräch einigt ihr euch entweder auf Kompromisse – oder ihr stellt fest, dass ein gemeinsamer Urlaub keine gute Idee ist. Ein Ergebnis kann zum Beispiel sein, dass ihr zwar das Quartier gemeinsam nutzt, aber deshalb nicht alles zusammen machen müsst. Wenn alle damit klarkommen, dass beispielsweise jeder frühstückt, an den Strand geht und Ausflüge macht, wenn er will, und es keinen Gruppenzwang gibt, kann das funktionieren. Es ist dann eben eher das Modell »Wohngemeinschaft« als »Familie«: Man nutzt die finanziellen und praktischen Vorteile des Zusammenwohnens, macht ansonsten aber sein Ding – natürlich unter Rücksicht auf die Ruhebedürfnisse der anderen.

Was aber ist, wenn jemand nicht zu so einer Vorbesprechung kommen will und sagt: »Ich will kein Psychogespräch, sondern Urlaub machen«? Nun, meine Schlussfolgerung daraus wäre klar: Diese Person ist auf keinen Fall geeignet für einen gemeinsamen Urlaub. Wer die Notwendigkeit nicht erkennt, dass man vor einem gemeinsamen Urlaub klärt, in welchen Punkten man unterschiedlich tickt, und dass man ausloten muss, wie man aufeinander zugeht, der wird im Urlaub ohne Rücksicht auf die anderen seinen Stiefel durchziehen.

Psychohack: »Heute bin ich der Bestimmer!«

Eine Möglichkeit, mit unterschiedlichen Erwartungen an den Urlaub umzugehen, ist ein Prinzip, das viele von ihren Geburtstagen in Kindertagen kennen: Das Geburtstagskind durfte Bestimmer sein. Das galt zum Beispiel für den Speiseplan

(»Pommes mit Ketchup und Hühnchen«) und für Freizeitaktivitäten. So ähnlich kann man es auch im Urlaub machen: Neben vielen »Jeder macht sein Ding«-Tagen gibt es reihum einen Kindertag, einen Elterntag und einen Großelterntag. Auf diese Tage lassen sich die anderen völlig ein und schließen sich ohne Murren und gut gelaunt den Vorschlägen der Bestimmer an. Weil das jeder für die anderen tut, hat niemand das Gefühl, seine Ideen fielen immer unter den Tisch. Und vielleicht entdecken die anderen ja, dass es mehr Spaß macht als gedacht, in den Freizeitpark zu gehen, eine imposante Kirche anzuschauen oder Boule zu spielen. Und auf das leckere Eis danach haben sowieso alle Lust.

Danksagung

Auch wenn auf dem Cover nur mein Name steht, so ist dieses Buch tatsächlich das Resultat einer großartigen Teamarbeit. Zu diesem Team gehören Menschen, die mir sehr wichtig sind. Die Reihenfolge meiner Aufzählung soll keine Gewichtung ihrer Bedeutung oder Leistungen darstellen. Jede und jeder hatte einen entscheidenden Anteil an diesem Werk.

Mein erstes fettes DANKE geht an Oliver Domzalski, ohne ihn wäre dieses Buch immer noch eine Sammlung psychologischer Tipps geblieben. Durch seine Arbeit als Co-Autor sind aus meinen Radio- und TV-Beiträgen starke Buchtexte geworden. Lieber Oliver: Du hast einen exzellenten Job gemacht!

Die meisten der Psychohacks in diesem Buch sind in der Zusammenarbeit mit der Redaktion von *Bayern 3 am Vormittag* entstanden. Claudia Conrath, Sybille Krug und Marc Schindlbeck inspirieren mich jeden Dienstag zu neuen Tipps und Tricks. Als Moderatorin der Sendung kitzelt Claudia Ideen aus mir heraus, die mich manchmal selbst verblüffen. Übrigens gibt es uns jetzt auch als Podcast: *Psychohacks – Leichter leben! Mit Claudia Conrath & Rolf Schmiel*. Unbedingt reinhören. Liebe Claudia: Du bist einfach toll! Danke für alles!

Auch die Redaktion vom *SAT.1-Frühstücksfernsehen* hatte einen entscheidenden Einfluss auf die Entstehung dieses Buchs. Seit 2017 bin ich dort als Psychologe regelmäßig zu Gast und stehe dem wunderbaren Moderationsteam Rede und Antwort. Das macht unglaublich viel Spaß. In dieser Zusammenarbeit sind tatsächlich die allerersten Psychohacks entstanden, wie zum Beispiel der Dinner-Dollar. Stellvertretend für das gesamte *Frühstücksfernsehen*-Redaktionsteam sage ich Danke an Angelika, Ben, Holger, Imke, Lars & Martina!

Nichts von dem, was ich in den letzten Jahren entwickelt, publiziert und erarbeitet habe, wäre möglich gewesen ohne mein fantastisches Management Stand-up & More. Zusammen mit Klaus-Jürgen »Knacki« Deuser bin ich in einem Kölner Café auf das Wort »Psychohacks« gekommen. Meine Managerin Jessica Fabricius ist ein Fels in der Brandung meines kreativen Chaos. Durch ihr Verhandlungsgeschick, ihre Nervenstärke und ihr Organisationstalent macht sie mir den Weg frei und stellt sicher, dass sich die ganze Arbeit auch wirklich lohnt. 1.000 Dank an das beste Management der Welt!

Zum Schluss dieser Danksagung wird es noch privat. Auch wenn meine besten Freunde Arnim und Xenia nicht direkt bei diesem Buch mitgeholfen haben, so sind sie doch stets wichtige Inspirations- und Kraftquellen. Seit vielen Jahren seid ihr für mich da, hört mir zu und schenkt mir immer wieder Stunden voller Lachen und Leichtigkeit. Danke, ihr seid ein Geschenk!

Das letzte Danke gehört dem wichtigsten Menschen in meinem Leben: meinem Sohn Leonard! In den letzten Jahren haben wir zu zweit eine Menge erlebt und anspruchsvolle Zeiten gemeinsam meistern müssen. Wenn mir mal die Kraft ausgeht, reicht ein Gedanke an dich und neue Motivation entsteht wie von allein. Ich durfte von dir schon so viel lernen und durch dich so viel Neues entdecken. Du bist mein größtes Glück! Danke, lieber Leonard!

Über den Autor & noch viel mehr

Der Autor

Seit 1999 ist Rolf Schmiel als Diplom-Psychologe tätig. Beruflich und privat musste er seitdem heftige Herausforderungen und schwere Schicksalsschläge meistern. Doch egal wie belastend die Zeiten auch waren, gelingt es ihm immer wieder, sich mit Optimismus, Humor und den passenden psychologischen Strategien zurückzukämpfen. Mittlerweile zählt er mit über 300 TV-Auftritten, mehr als 500 Radiobeiträgen und unzähligen Printveröffentlichungen zu den bekanntesten Psychologen Deutschlands. Zu den Unternehmen, die mit ihm zusammenarbeiten, gehören u. a. Audi, Coca-Cola, Daimler, Shell, Würth, Xerox und Zeppelin.

Der Podcast

Zusammen mit der beliebten *Bayern-3*-Radiomoderatorin Claudia Conrath präsentiert Rolf Schmiel wöchentlich den unterhaltsamen und inspirierenden Podcast *Psychohacks – Leichter durchs Leben*. In jeder Folge stellen sich die beiden dem Alltagswahnsinn und geben wirksame Tipps für mehr Glück und Leichtigkeit. Zu hören überall, wo es Podcasts gibt.

Die Show

»Deutschlands lustigste Gruppentherapie«, das beschreibt treffend Rolfs aktuelles Bühnenprogramm, mit dem er deutschlandweit auf Tour ist. 100 Minuten geballte Lebenshilfe, verpackt in witzige Storys und überraschende psychologische

Experimente, sorgen für erhellende Aha-Momente und glückliches Grinsen.

Die Keynote

Seit 2012 gehört Rolf Schmiel laut Europas größter Redneragentur Speakers Excellence zu den »Top 100 Speakers« im deutschsprachigen Raum. Darüber hinaus gewann er 2015 beim »1. Deutschen Speaker Slam« den Gesamtsieg, den Publikumspreis und den Award der Redneragenturen. Außerdem wurde er für den Medienpreis »Speaker of the year 2016« nominiert. In seinen Keynotes spricht er u. a. über Motivation und Change aus der psychologischen Perspektive.

Der Onlinekurs

Rolfs Lieblings-Psychohacks und bisher unveröffentlichte Ideen werden von ihm selbst in diesem Onlineprogramm präsentiert. Konkrete Übungen und clevere Strategien, die einen garantiert weiterbringen, kann man so daheim online erleben. Und das Schönste ist, mit dem Bestell-Code »Psycho23« können Leser:innen den Kurs mit einem Rabatt von 50% erwerben: *www.psychohacks.de/kurs*

www.psychohacks.de

Die Publikation enthält Links auf Webseiten Dritter, für deren Inhalte wir keine Haftung übernehmen. Wir verweisen lediglich auf deren Stand zum Zeitpunkt der Erstveröffentlichung.

Edel Books
Ein Verlag der Edel Verlagsgruppe

Neumühlen 17, 22763 Hamburg
www.edel.com
5. Auflage 2023

Projektkoordination: Lisa Ebelt
Lektorat: Julia Becker
Coverfoto: Guido Schröder
Layout und Satz: Datagrafix GSP GmbH, Berlin | www.datagrafix.com
Umschlaggestaltung: Felix Schlüter, typeholics
Lithografie: Frische Grafik
Druck und Bindung: GGP Media GmbH, Pößneck

Printed in Germany

ISBN 978-3-8419-0839-1